變富

創造財富的 100 種關鍵突破法

史帝夫・錢德勒 Steve Chandler
山姆・貝克福 Sam Beckford——著
文佳——譯

導讀

每天擠出一小時，做一件讓自己增加財富的事

丘美珍（專欄作家、幸福財女讀書會創辦人）

新冠肺炎爆發之後，股市出現戲劇性的榮景。台灣及美國的股市都屢創新高，坊間不時流傳關於「少年股神」的傳說。各種流派的投資理財書籍不約而同闡述各種逐富主張，讓想要學習投資的人眼花撩亂，一方面希望自己也能快速致富，二方面卻又擔心一有差錯就血本無回。

我自己研究投資也是這幾年的事，尤其創立臉書的社團「幸福財女讀書會」之後，比以前更仔細地鑽研跟投資有關的書籍和網站。慢慢地，我發現投資最重要的事，是「建立自己的投資哲學」。

這樣的領悟，跟這本《變富》不謀而合。

嚴格地說，這本書裡的一百種致富方法，並不是速成的致富守則。但是，如果放慢步伐，一天少少讀個兩三篇，就能慢慢體會這書的用意，其實是一本教你致富的靈修書。書裡的文字很輕鬆，但兩位作者的企圖心很嚴格，他們以一種導師的姿態，要求讀者徹底檢視自己的思維、生活習慣、價值觀，下定決心，汰舊換新，從一個平凡人轉變成有錢人的體質。

如果說，創造金錢也是一種專業，那麼兩位作者顯然義不容辭地把自己當成了教練，以古典的、類似拿破崙希爾（Napoleon Hill，美國著名的成功學作家）口吻，諄諄善誘，提出面面俱到的建議，逐漸引導讀者走向他們所主張的創造金錢三部曲：「改變現狀」、「創業致富」、「財富利他」。

創造金錢三部曲之一：改變現狀

作者花了不少篇幅說服讀者，「改變現狀」是邁向致富之路的起點，其中有一些相當實用的提醒，例如：

●每天擠出一小時

我們都很忙，但是能不能每天擠出一小時，做一件讓自己增加財富的事？這一小時可以拿來學習一種新技能，或者，就拿來「思考」及「做出選擇」。

有人曾說：成功和幸福來自選擇，而不是機會。作者認為，有太多人無意識地過著日常的生活、例行的工作，卻從來不曾思索這是不是他們最佳的選擇，因為一路盲忙，很容易累積疲憊，所以就沉溺於電視和網路，以求忘卻現實。所謂美好的未來，永遠只是幻想，而沒有行動。

我們真的需要知道那些垃圾新聞、網路八卦嗎？如果省下那些時間，為自己的生活和工作重新聚焦，也許，你在這兩方面都能做出更棒的選擇！簡單的說就是：不要忙於餬口，卻沒法賺錢。

●改變身體，就能改變思維

如果你很想改變現況，最中肯的建議就是先從改變自己的身體開始。當你的工作量已經滿載時，多花時間坐在電腦前，雖然會讓你獲得一點安全感，不過對你的整體貢獻並不大；與其如此，不如把時間花在善待身體，讓身體休息一下，或者去運動。

當身體因此而舒緩放鬆、注入能量，眼前的某些工作難題或許就有了解答。聖雄甘地（Gandhi）說：「人的身體就是迷你的宇宙，因此，如果我們完善對待自己身體的知識，我們就能了解宇宙間各種奇妙的知識。」

改變身體，其實就是改變思維的起點。

●專注於現在、現實、現地

仔細回顧過去的經驗，當你覺得事情不順時，你的思緒是否都不在當下？例如，如果你後悔於曾經的決定，你的思緒就是停在過去，不在當下；如果你希望事情變好，也意謂著你的腦子已經走在未來，想要成功。很重要的一點是：當你碰到難題，一旦在不同的答案中做出選擇之後，這件事就得被你遠遠拋在腦後，你要學會離開過去。而當你已經確定了未來的行動計畫之後，你也要學會離開未來，把自己的視野專注在當下的現實。

創造金錢三部曲之二：創業致富

●一個精確的數字會改變你

我們生活中大部分的人都只是在應付別人給的數字，但是如果要創造金錢，你得創造出屬於自己的數字，用自己的數字取代別人的數字，否則一輩子都活在應付的世界中，活在別人而不是自己的夢想裡。把你的數字變成一種遊戲而不是壓力，例如，如果你現在正煩惱徵人的事。

那麼，你可以在電腦旁邊貼個「3」，規定自己每天要面試三個人，一旦達成目標，就在旁邊畫個星星以示慶祝。你的數字會把你重新導向自己要做的事業上，它們就像是導彈發射的座標一樣，把數字貼在你家和辦公室，感受它們所帶來的正能量。記住：關鍵不在於那個數字是多少，而在於那個數字能做些什麼。

●機會總是存在，抓住下一個也可以

一般人總有一種迷思，覺得會有那種千載難逢、一生一次的致富機會，錯過了就會抱憾終生。但事實是，機會永遠都有，抓住下一個也可以。不論你錯過的是什麼，與其一直憾恨錯過的，不如抬起頭來搜尋下一個。

尤其我們身處在一個由網際網路串聯的時代，情報、商機唾手可得，如同一個全球智慧倉

庫向你展現，而一個好點子傳播的速度比任何時候都快，全球市場已經為你預備。財富良機的關鍵字就是：尋覓與渴求。打開你的感官，注意人們在尋找什麼、渴望什麼，如果你能有系統、有組織、有利潤地滿足他們的需求，這就會是一個別人搶不走的好生意。

創造金錢三部曲之三：財富利他

人們總是說，金錢不能買到幸福，但這句話的正確說法應該是：這世界上有金錢買不到的幸福，也有金錢可以買到的幸福。而且，在許多狀況下，金錢的確可以為他人創造幸福。

如果你有多餘的金錢，可以捐給慈善機構，讓他們在非洲為某個村落挖一口井，這樣就能為村民創造夢寐以求的幸福。或者，你有餘力贊助小額貸款，這樣某些貧困家庭得以取得第一筆創業基金，就可以擺脫世代窮困的生活。

金錢無罪，重點在於如何正確取得、善意使用。作為一本致富的入門書，作者用一百篇致富小品來吸引讀者閱讀，最後落筆的終極結論雖然不算創見，卻是非常經典的句點，深得我心。

（原文刊登於天下「獨立評論」）

推薦文

盡全力做到最好，更有機會迎向財富自由

Jenny（「JC財經觀點」版主）

隨著年齡和經驗的累積，人們對於財富的追求逐漸從對金錢與物質獲取上的滿足，晉升到從對群體與社會的付出中獲得心靈上的富足與自由，也讓人生旅程變得更充實。

但是我們該從哪裡開始？先從最小可行的計畫開始整頓自己的人生，聆聽內心的聲音，思考真正的目標與實踐的計畫。作者告訴我們：「給你自己一小時，今天就開始！」但當我們想要做出改變時，在這個加速的世界最常聽到的回答是：「我沒時間。」

仔細想想，是真的沒時間，還是不肯為了自己先停下腳步？我們總汲汲營營於美好的未來，而忽略了已經擁有的東西。告訴自己「慢一點，才不會錯過真正的機會」，學習去發現未被滿足的需求，懂得樂於接受其他人的意見，會讓我們的優勢創造出更大的價值。

本書中提供讀者最好的指引，不管是求學、工作、事業與人際關係，透過每一個微小改變來蓄積能量，等待機會來臨時創造出巨大的驚喜。發現懂得把握當下、用盡全力做到最好的人，更有機會迎向人生成功與財富自由的夢想。

推薦文

每個人都有機會成為富翁

歐馬克（「馬克信箱」、「馬克說書」節目製作人）

當你拿起這本書，我要為你的勇氣拍拍手，並且強力推薦你先看第十篇，反覆閱讀，直到滾瓜爛熟為止。

世界上的錢很多，非常多，多到我們難以想像的地步。想當有錢人，首先內在要有對錢的渴望；一邊希望自己有多一點錢，一邊卻又對金錢抱持著排斥態度的人，是不可能有錢的。有了正確的態度後，接著更重要的是如何行動？該如何將身邊來來去去的錢吸到自己的身上來？

生財的方式很多，但你能不能找到最適合自己的方式？如果我告訴你，其實每個人都能成為富翁，你願不願意相信，並且腳踏實地的去做？

學習最忌速成，致富也是。當你被「快速學習」、「快速瘦身」、「快速致富」的標語所迷惑，注定你離成功的終點將愈來愈遠。我們的社會不斷出現新東西，或是把十幾年前的潮流冷飯熱炒，也總有人抓住群眾想求捷徑、妄想速成的心理弱點，成就自己的財富。有些人用的是輕薄偽裝的話術，將沒用的東西包裝行銷給你，有些人則是更極端地配合利用你的匱乏、恐懼、想被愛的渴望，詐騙你的積蓄。

世界上的錢很多，非常多，你要成為生財的那一方，還是被收割的那一方？實證研究，一般人只要靠著節儉、儲蓄與指數化投資，就能在退休時成為富翁。但大部分的人都無法做到這平實的三項，而不斷地向外探詢如何讓自己賺更多的方法，最後反而在那樣的過程中賠掉了大半的錢。

最後想對已經走在生財路上的你說，古有明訓：「君子愛財，取之有道。」希望你的生財方式，能夠服務社會上更多的人，而不是靠著讓人痛苦，肥了自己的荷包。

推薦文

一本累積致富心技法三合一的好書

謝文憲（作家、主持人）

「富不學富不長，窮不學窮不盡。」一語道盡貧富差距與學習間的關聯。身為職場專欄作家，時常接受讀者提問，最常被問到的問題是：「憲哥，哪種工作才是新鮮人最該選擇的？」我常答：「最佳，賺到又學到；其次，學到沒賺到；第三，賺到沒學到；最差，沒賺到也沒學到。」

如果新鮮人以金錢當作設定目標，很容易陷入迷思，而金錢與財富通常因為你有能力伴隨而來。三十五歲以前，若能設定目標投資自己，是讓錢財自然湧進口袋的最佳策略。

本書提供了百種成為有錢人的方法，我試著歸納成一句結論：「態度加上習慣與行動，您也可以成為有錢人。」本書深入淺出，發人深省，想要讓您的人生從貧窮到富有，這的確是一本累積致富心技法三合一的好書。

目錄

變富

創造財富的100種關鍵突破法

前言

創造自己財富的自由

山姆．貝克福在成功前經歷過五次事業失敗，而本書中的一百種「方法」則是他從失敗到成功、最終成為百萬富翁的改變經驗。這些方法不僅對他有效，也幫助了他數以百計的客戶從窮困潦倒邁向成功。

我們不斷地尋找幫助你在人生中創造更多財富的方法，卻不想讓你因為累積了物質財富而自以為高人一等，也不希望你因此而自我滿足。

我們的目標是給你一種特殊的自由。這種自由能讓你在生活中隨心所欲，去想去的地方，做想做的事。財富可以幫助你獲得這種自由。我們希望你找到真正能實現自我的自由，找到對所愛之人有所幫助的能力，以及對所關心的組織提供經濟援助的能力。

許多人聽到非洲的慘狀時，只能搖搖頭，除了咒罵之外什麼都不能做。他們咒罵那些有能力援助的人，這些人只要隨便捐一點錢就能幫助非洲挖一口井，他們卻從不那麼做。

我們希望這本書能讓你有機會成為那個伸出援手的人。

我們不會講授那些所謂的致富「捷徑」，像是如何欺騙客戶、如何建立金字塔形傳銷體系，或抓住最新的「熱門商機」。只有你自己才是真正的機會，你可以透過自我激勵去創造應得的財富，而那種財富來自於用最好的方式去服務最多的人。

我們致力於引領人們走向財富自由之路。我們的客戶通常很享受這樣不可思議的成就，這樣的成就是因為他們在思維方式上有了全新的突破。本書列舉一百種最有效也最通用的思維突破法，這些方法曾讓別人成功，也將讓你成功。

這本書不講投資或理財知識，它只是回顧了我們作為私人或商業顧問的個人經驗。這也算是我們兩人的自傳，記錄著我們從負債、失敗到持續成功的過程。

「創造」財富的概念，與「發現」獲取財富的途徑或利用某些短暫外部環境優勢完全不同。我們闡述的是你自身創造財富的能力，找到你的內心摯愛並找出你最想從事的工作。

因此，這本書的內容是關於愛與金錢。不要羞於照做，不要害怕被這些方法啟發；你愈被啟發，就能愈快創造財富。《聖經》中說，造物主按照他的樣子創造了人類。我們到底有多大程度相信這一點？也許只要相信我們和他一樣能創造就足夠了。我們能創造多少財富，取決於我們對自己創造能力的信任。這正是一本為了加強這種信任所寫的書。

001 在人生谷底發現嶄新的力量

每個成功企業的背後，都曾有人做出充滿勇氣的決定。

——美國管理學家　彼得・杜拉克（Peter Drucker）

山姆・貝克福很喜歡和新客戶分享他職業生涯中最具決定性的那一刻，遠早於他成為著名的「小事業大財主」之前。

這個關鍵點不是發生在職場上，而是在一間雜貨店。當時山姆和他太太採購完畢，準備用現金卡付帳，卡卻不能刷。他再試一次還是不行。收銀員提議刷第三次看看：「一定是你的卡有問題。」

山姆說：「沒錯，我知道問題在哪……是卡刷不出錢了。」

他和太太不得不離開商店，而他們準備買的日用品又重新被放回架上。他在當下淪落到無力贍養家人的地步，實在痛苦萬分。

「那是最丟人、最恥辱的事情。」山姆說：「後來我說：『絕不能讓這件事重演，我受夠了窮困潦倒，受夠了一無所有！』之前我一直指望卡裡還有一點錢付帳，但那天走出那間店的當下變成我的成功轉捩點，因為那一刻，我終於清醒過來了。」

現在，山姆把這個故事講給許多想做小生意或想創業的人聽。有時，人們會在講座結束後找他，對他說：「知道嗎？那個雜貨店的故事讓我感同身受，兩星期前我有同樣的經歷。」

我們都能理解財富的匱乏，我們都曾處於相同境地，我們都曾因工作或冒險失敗而身陷低潮或負債累累，可能比你現有的情況更糟。

不要假裝這種痛苦不存在，讓自己深刻感受失去的一切，唯有這樣，你才能全神貫注對這種感覺說不。你可以拒絕再次感受這種痛苦。你現在就可以找到自己的底線。

徹底拒絕你再也不想經歷的事，拒絕讓它再出現，與它抗爭，在心中劃出一條底線，並絕不允許自己（像過去的你）再越過那條線。

讓那個時刻成為你最後的決心，對自己說：「再也不要那樣，絕不！」這一切都隱藏著積極的轉捩點，即使是那些最糟糕的事情也一樣。

像史帝夫．錢德勒這樣曾染上酒癮的人，最終會到達他們所謂的「谷底」狀態，只有死亡比他們那樣更糟，然而一旦到了谷底，他們往往會找到一種嶄新的力量，讓他們說出：「我受夠了！我再也不能過這樣的生活。不管要付出什麼代價，不管將會多麼難受，不管別人怎麼說，甚至必須做十二個療程，我也要堅持下去，因為我要告別這種生活。」

擁有財富就和戒酒癮一樣，也有一些療程，這些療程都很有用，而其中的第一步，就是要先劃出你的底線。

002

有錢並非運氣，而是你創造了機會

無論是好是壞，自我概念決定了命運。

——美國心理學家　納撒尼爾．布蘭登（Nathaniel Branden）

在一生中，我們的成就取決於我們相信自己能做什麼，往往無法超越；然後根據這種信念的限制將自己困在財務窘境中。不久，我們就開始妒忌他人，還巧妙地把自己和我們所嫉妒的人分開，並相信他們能做到我們做不到的事。

然而這種區分法很不可靠，輕易就能被粉碎，因為它只存在於想像而非現實中，且僅僅在我們腦海中。我們會出於心理上的自我保護，找理由解釋自己為什麼沒有成功。我們會說：「財富離我這麼遙遠！」或是：「開那樣豪華的車我想都不敢想！」我們還會不敢想像自己參加豪華旅行，或是自己的孩子去唸頂尖大學。「那太無法想像了，所以我才不去想這些讓自己失望，我根本連想都不會想。」

因為我們不相信自己能做到，就永遠做不到。

史帝夫說：「我還是小男孩時，有一段時間我不相信自己能學會游泳，所以我一直不會，許多人試圖說服我只要跳進水裡自然就會浮上來，但我不相信，於是一直學不會。我嘗試過幾次，總覺得自己好像快沉下去，就立刻逃出泳池。一直到我相信自己能游泳後，我才真的學會它。信念就是我們所擁有的一切。」然而我們從未認真審視它。

有些人把財富和成功當成某種發生在他們身上的幸運事件，也就是說，他們讓自己遠離這些腦子裡想出來的因素，但這種遠離只是假象。

我們有個客戶，每次談到某個月生意不錯時都會說：「那個月上帝真的賜福給我了。」過了一段時間，史帝夫問他：「你知道你只有提到錢的時候才會說『賜福』嗎？你注意到了嗎？你不覺得自己的生命也是種賜福嗎？你的家庭不是嗎？你能呼吸、能思考不也是賜福？那麼你自己創造和獲得財富的能力呢？」

但他被禁錮在一種固定思維中，堅持認為這種驚人的財富恩賜令他謙卑。

「我又得到了賜福！」

史帝夫問他：「這次你的賜福指的是什麼？」

「我是說四月的生意很好，那個月的收入比其他月份多，那個月上帝真的賜福給我了！」

他就這樣一直把賺錢當作一種身外之物，好像只有神的干預才能讓他賺到錢。他根本不相信自己能在創造財富中扮演的角色。

這樣其實是把金錢提到一個悲劇層次，是把錢財置於一個高於個人信仰或靈魂之上的地位，才會總是用「恩賜」來取代金錢，也只有在提到錢的時候才會對生命表示謙卑和驚奇。

為什麼不把錢財看成和其他事物一樣呢？不要賦予它宗教的色彩。如果你想吃蛋，你會自己煮蛋；如果你想要錢，為什麼不自己去賺？

你不必為錢感到驚奇。當財富流向你時，不用立即感謝上天。你會為流水或清風而感謝上天嗎？

我們這裡談的是有努力就有收穫的錢財，有付出就有回報，完全沒必要因此謙卑且滿懷愛意地熱淚盈眶，它跟你創造出的其他東西並沒有區別。

你一出生就蒙受上天恩賜，每天清早一睜開眼，這種恩賜就一直存在，每時每刻，所以「我還沒被賜福，我努力賣東西了，但還沒被賜福。」這種概念是不對的。

我們參加過心靈導師拜倫．凱蒂（Byron Katie）的學校課程，那時正要開始上課，她調整一下麥克風，接著打了個噴嚏。這時底下有學生說：「願上帝賜福你！」她則回說：「我早就被賜福囉。」

003
立即去做，比等待完美時機更有效

從你的腳下起步。月亮總是別處的圓，但機會就在你腳下。
——美國成功學作家　羅伯特・柯里爾（Robert Collier）

有時環境看來很糟，一切都不完美，這時我們應該開始嗎？我們該如何決定？

史帝夫喜歡用搖滾歌手特洛伊・匈德爾（Troy Shondell）的故事舉例，不過他得問他父親才知道六〇年代早期匈德爾還是青少年偶像時的情形。

受到巴迪・霍利（Buddy Holly）、貓王（Elvis）、小理查（Little Richard）和其他早期搖滾樂手的影響，特洛伊・匈德爾在印第安那州的韋恩堡讀高中時，就開啟了演唱生涯。他在當地最早發行的唱片之一是水星唱片出的《汽車餐廳之吻》（*Kissin' at the Drive-In*），這張唱片在當地很流行，讓他有希望往全國發展。

特洛伊迅速在芝加哥地區走紅，他和他的樂隊成為登上芝加哥市中心著名的銅軌藍調爵士俱樂部舞台的第一支搖滾樂隊，許多樂迷會不惜排隊來芝加哥市中心看他們第一場搖滾音樂會。但這情況沒有持續太久，特洛伊換了幾家小唱片公司後就沒那麼好運了。

一九六〇年十月，特洛伊的父親因心臟病過世，他母親繼承家裡的小生意，那成為她唯一的收入來源。為了維持生意，她要特洛伊回家幫忙。他靠音樂成名的夢想只能再緩一緩。於是特洛伊離開樂團，為了應付眼前危機而放棄了音樂。

一九六一年二月，特洛伊的母親在報紙上看到一部在本地拍攝的電影要招募臨時演員，便鼓勵他去試鏡。在試鏡中，有位熟悉特洛伊音樂的人告訴他，如果他想再試一次的話，自己可以資助他錄音。特洛伊欣喜若狂，他為這種機會留了一首特別的歌，是韋恩堡一位當地DJ推薦給特洛伊的，歌名叫〈這一次〉（This Time）。

一九六一年四月一日錄音當天，伊利諾州的巴塔維亞有場巨大暴風雪降臨，整個樂團只有三個成員能參加錄音：吉他手、薩克斯風手和鼓手。他們該不該錄音？沒有貝斯怎麼辦？

這看上去似乎並非嘗試重返音樂界的好時機。

但也許時機不代表一切，也許渴望和激情比時機更重要。

他們堅持錄了音，特洛伊負責彈鋼琴、電顫琴，還盡力用吉他彈出類似貝斯的聲音，他全然投入地演唱了〈這一次〉。結束時他們筋疲力盡，但錄好了歌，現在應該把它播給全世界聽。然而芝加哥的每一間唱片公司都拒絕幫他發行。

於是特洛伊決定自己開公司，這樣至少能做出一張真正的黑膠唱片。之後有一天，他去芝加哥的WJJD電台，想讓他們在廣播裡播出這首他深知將賭上自己未來的歌，即使得苦苦哀求也行。幸運的是，當晚的DJ是他的支持者，他很同情陷入困境的特洛伊，於是他得到電台允許播出〈這一次〉，但是只能播一次，而且還得在他傍晚的節目《音樂擂台》（Rate the

Record）節目中播出。這對特洛伊來說是場賭注，因為在電話投票中落敗的唱片將再也不能播出，而特洛伊的唱片，就是那張暴風雪中只有三個樂手的產物贏得這場競賽！特洛伊的〈這一次〉簡約而深情，它的優美、痛苦和激情征服了聽眾。

之後，在電台反覆播放下，這張唱片開始大賣，事實上，它第一週就賣出一萬張！這首歌前所未有地在一九六一年夏天占據各大排行榜冠軍長達十六週。

雖然特洛伊之後的唱片也很成功，但如果不是〈這一次〉，根本不會有之後的一切。（這張唱片在第一年就賣了超過三百萬張！）

很多人會把一九六一年四月的那場伊利諾州暴風雪當作推掉錄音的藉口，因為時機不對，他們連貝斯手都沒有！這樣要怎麼錄貝斯音？用吉他嗎？這個時機簡直糟糕透頂。但特洛伊・匈德爾在那個暴風雪之夜，用他的激情點燃了全國青少年唱片消費者，直到今天，這張唱片聽起來還是很棒，簡單奇特的製作過程更凸顯出它的影響，令人感覺不經修飾且真實。現在你也可以下載來聽一聽，而且不要錯過它所傳遞的訊息。

環境不重要……激情代表一切。

每隔一段時間，我們都會在辦公室裡貼一條標語，上面寫著：「現在就去做，遠比做得正確更重要。」我們不是說不能做得盡善盡美，只是**如果你總在等待完美時機，那時機永遠都不會發生。馬上行動，就是現在！**

004 每天擠出一小時

成功和幸福來自選擇，而不是機會。

——美國銷售培訓專家 吉格．金克拉（Zig Ziglar）

能供你利用的時間會讓你大吃一驚，特別在你決定擠出時間做事情時。那些說他們「沒時間」來學習某種技能、學習網路課程、學習另一種語言或是開始家庭事業的人，都只是在欺騙自己。

如果你因為腎衰竭需要每天花一小時洗腎或化療，你絕不會說：「那我只好去死了，因為我沒有多餘的一小時。」你只會說：「好，只要一小時嗎？我有時間。」

你說得沒錯，誰都能每天空出一小時來做一件事，任何事都行。誰都可以花一小時全神貫注地做某件事，既不喪失效率，也不會喪失任何人際關係。

實際上，有趣的是，如果你能每天挑出一小時來做某事，你一天之中的其他時間也會受益，你會因此變得更有效率。

如果今天你挑出一小時來，那麼另外的二十三小時就會變得比以前效率更高。因為你會花更多精力規畫時間，更能意識到時間的寶貴。工作將會好好分配在每段時間中。

給你自己一小時，今天就開始！

你會在這特別的一小時裡做什麼？能不能充分利用這一小時，做一件讓你增加財富的事？幾年前，有個人叫湯瑪斯．華生（Thomas Watson），他最早領導ＩＢＭ電腦公司走向成功。他有一個最愛的格言，只有一個詞，就是「思考」。那也是他做事的座右銘，他把這個詞貼滿全公司。他知道，員工們愈能開始動腦筋思考，公司就愈能快速成功。他是對的，而你的人生也是如此。

試試這個：拿出一張黃色便條紙，一個人獨自待一個小時。讓這一小時成為你創造性思考的時間，無論你的潛意識裡出現什麼想法，立刻記下來，不要判斷好壞，只管記下來。你一定會大吃一驚！

大多數人不思考，不思考自己的財務前景，甚至不思考自己想要的方向。他們迷失在充滿各類問題的日常工作中，完全沒有多餘時間去思考大局。他們總是為各種工作忙碌奔波，依靠幻想實現自己的未來。當他們不忙碌時，卻利用電視和網路消磨剩餘的時間！

這些人根本沒有真正實現自己的生命價值，也沒有做他們真心想做的事情（這個才是真正創造財富的前提），總是想讓自己遠離這個事實的真相。他們想忘掉自己是多麼無聊，所以用各種方式，包括娛樂活動來消遣時光，好讓自己忘掉這種恐怖的感覺。

如果你不太滿意自己的生活，你可能會轉電視看脫口秀節目，聽著人們對吼，聽一切壞消息，聽別人講述失蹤的人或被困在地下的人。不用多久，你會緊張無比地追蹤這些消息，那是在用別人的故事來逃避自己應該面對的生活。很快地，你就會讓這些替代品成為自己的生活，像是晚間新聞裡的肥皂劇、失蹤人口報告、犯罪劇、體育比賽，甚至車上的廣播。你正在讓這些人的悲慘生活取代你自己。

你真的需要知道那些新聞嗎？你真的需要知道好萊塢男星羅素．克洛（Russell Crowe）在酒店裡用電話砸了某個服務生嗎？除非你想控告羅素．克洛，否則你根本不需要知道這個（這是第一百零一種創造財富的方法：激怒羅素．克洛，讓他弄傷你，然後告他）。

仔細想一想，想想自己做的所有那些分散注意力的事，也許你真的能用一小時的時間好好瞭解一下自己的腦子可以做的事。每個人都應該擠出這樣的一小時，這就是我們想說的。

005 轉變思維，讓工作成為一場遊戲

人生太重要，不能沉重以待。

——英國作家 奧斯卡．王爾德（Oscar Wilde）

人們遊戲時比其他任何時候都精力充沛。

在家庭聚會時，每個人都精疲力竭，動都不想動，但只要有人說：「我們去院子裡打排球吧！」大家都會跳起來衝出去玩，忽然間，剛才那些累了一星期疲態盡露、什麼都不想做的人，立刻會變得生龍活虎，大喊大叫著在院子裡跑來跑去。到底發生了什麼事？那是因為我們的思維從真正的生活轉換到了遊戲，而剛剛做的其實就是把遊戲引入他們的生活。遊戲會激發更多能量，會刺激想像力，人們的身體忽然被賦予新的生命。同樣的思維轉換也可以發生在工作中，只要你完全掌握了遊戲的力量，就會知道該怎麼做。

你應該注意到很多人玩大富翁這樣的桌遊可以玩很久，他們情緒激昂又能創新，電腦遊戲更是如此。不僅這樣，經過一個漫長工作天，在公園裡打打籃球更能讓人立刻容光煥發！關鍵在於單純遊戲的快樂。孩子們總是想一夜不睡玩遊戲，你在玩的時候從不覺得累。

對比到工作，工作會讓你壓力重重，還沒開始就讓你備受打擊，甚至只要想到它，想到工作日就讓你擔憂又焦慮，工作還沒開始就已經感到厭煩。

當我們能一邊玩一邊創造財富時，財富的產生速度最快。但參考人類歷史，很難將遊戲和金錢連結起來。對很多人來說，金錢常令人恐懼，他們不會把賺錢當遊戲，而是當作生存關鍵。金錢對他們而言像氧氣，不能隨便玩，是很嚴肅的問題，因為人有可能因缺錢而死！

就是這種信念把所有的樂趣都趕跑了，所有的快樂和創造力都沒了。

美國最富有的比爾．蓋茲（Bill Gates）總是說：「我們微軟只有一個產品：人類的想像力。」但當你在掙扎著生存、努力呼吸、淹沒在債務中，你又怎麼可能激發想像力呢？當然，那些只是你的想法而已，但這些想法會切斷你的生命與財富間的互動。財富來自於想像力，來自於好玩的想法和不竭的精力。

因此，**創造財富的最快捷徑是放棄「工作」的想法，去做一件你喜歡到覺得只是在玩的事**，就像打籃球之於麥可．喬登（Michael Jordan），主持脫口秀之於歐普拉．溫芙蕾（Oprah Winfrey），或是寫《哈利波特》之於羅琳（J. K. Rowling）。

史蒂芬．金（Stephen King）靠寫作賺了幾億美元。他一早會在重金屬音樂的咆哮聲中思考自己正在進行的小說，到了下午，他會回到寫作中繼續玩樂；他把下午的工作稱為「我的玩具卡車」。不久，他的玩具卡車就會變成新的小說。一切都始於玩樂，而數以百萬計的錢財就這樣不斷滾滾湧入。請注意，他並沒有把下午的任務稱作「我艱難的工作」，這就是史蒂芬．金能賺錢而其他作者不行的原因。他在玩樂，而他們在工作。

我們那些經營小生意和私人服務型的客戶如果能把生意變成數字遊戲，往往會銷量大增。只要他們開始遊戲，數字就不會再讓他們恐懼，因為它們會變成遊戲的一部分。

大部分人把他們職業中「賺錢」這個因素深埋在悲慘的黑暗之中，誰都不去看。我們見過很多公司的雇員會藏起自己的銷售數字，不想讓雇主知道這個月他們做不好，這樣他們就不能讓任何人為他們加入可以使生意重獲轉機的遊戲因素。

玩遊戲的確能起作用，可以有這樣一種遊戲：「我們想要在四月一日之前獲得一百個新客戶，我們會把這個數字寫在內部工作室，如果能夠提前完成這個目標，我們就去迪士尼玩！」那些把金錢變成遊戲的雇主，能夠從員工身上獲得截然不同的動力，而不是某種悲慘而真實的東西。正是玩樂的動力才能創造財富。蕭伯納（George Bernard Shaw）就曾說過：「並不是我們老了才不再遊戲，我們不再遊戲正說明我們老了。」

金錢只會流向心態年輕的人，所以只要有機會，就要把工作轉換成遊戲。這是一種思維轉換，就算只是讓我們保持年輕的心態也好。這還能讓我們充滿活力。注意到了嗎？如果把工作轉換成遊戲，我們的活力和創造力都會增加！

史帝夫回憶著：「我年輕時在底特律一家工廠工作，就注意到了這一點。當時我負責在生產線做零件，沉悶而累人，後來我和同事決定玩遊戲。我們比賽誰在下一個小時做的零件最多（我們負責把鐵絲插進金屬盒裡），誰輸了就請吃飯。開始！天哪，多有趣！我們都瘋了似地不停看對方做多少，真的很好玩。我們充滿活力，因為這時候我們是在遊戲，而之前我們只是在工作，只是在變老而已。」

006 看看別人的經營方式

只想著成功還不夠，必須把成功變成你的人生目標。

——美國心理學家　納撒尼爾．布蘭登

山姆在經歷第五次生意失敗後，決定好好學習一下所有能弄到手的成功案例，並實際運用。比如說，他學習了麥當勞（McDonald's）的發展史。

「對我來說，麥當勞對我最大的啟發是，他們公司有很大一部分財富是靠購買房地產獲得的。」山姆說：「除了天主教會之外，麥當勞是擁有商業地產最多的集團！所以我決定集中心力買下我租來的舞蹈和音樂工作室。這個方法能讓麥當勞成功，也能讓我成功！」

不過這個方法還是有個令人害怕的點存在，因為現在的媒體和文化圈將自由市場體系妖魔化了。他們讓你誤以為只有最貪婪的資本家才懂得如何創造財富，然後你就會被生意成功所需付出的艱辛嚇跑。

被這麼一嚇，大部分決定自己創業的人幾乎都不想知道商業的真正運作方式！他們寧願相信好萊塢電影和媒體宣揚的那些靠幕後交易發財的故事。這些故事都在強調，財富面前並非人人平等，與財富有關的似乎只有靡爛腐敗或看你認識什麼人。而你愈相信這些，就愈不想學習真正的商業經驗。因為你會信以為真，認為不管怎麼學都沒用。你以為財富是神祕的，只能依靠幸運女神的青睞。你開始相信「地位就是一切」、「趁著經濟上升期大賺一筆」和那些見利忘義者所相信各種流行一時的迷信方法。但這些都跟真正學習致富南轅北轍。

是的！你可以學習致富！但只有你全心投入，想辦法搞清楚如何賺錢，才能真正賺到錢。

如果你不願意對自己的生意著迷，不能愛上創造財富的內在過程，你就不會成功。就如同想做一名真正的鐘錶匠，你必須真的想把手錶所有零件都拆下來，然後再把它們裝回去。

很多人說他們沒有商業頭腦，那完全是假話。現在醫院裡有那麼多腦科醫生，每天都在為病人動腦部手術，但他們可不是一生下來就知道如何動腦部手術。一切都可以學習。

「我曾經相信過那些賺大錢的花招。」山姆今天坦誠地說：「那些花招告訴你，如果你能做這些令人振奮的事，就能立刻變成有錢人，賺到大筆大筆的錢！但我從來沒有真正弄懂過那些機遇是如何實現的。記得八、九〇年代那些多層市場行銷理論嗎？基本上就是一堆人站在活動掛圖前，在掛圖上畫滿圈，再用線條把它們連起來，然後在下面再畫四個圈罷了。事實就是，我一直都沒真正弄明白那是怎麼回事。」

這就是致命的缺點。如果你不能弄明白發財致富的運作程式，就絕不可能獲得成功。

「我相信你必須瞭解錢財是怎麼被賺到的，才能真正賺到錢。」山姆說：「因為如果那只是一個充滿神祕的黑盒子，沒有被證實可以成功的經驗，也沒有穩定的收入流，那你所擁有的只是僥倖罷了。」

所以，理解你的財富是如何創造出來確實非常關鍵。如果你開始了一項財富創造計畫，卻不能向一個五年級的小學生解釋清楚這個計畫如何盈利的話，你就應該擔心了。你現有的成功可能不會持續太久。

因此才會有那麼多為了發財致富而努力的人，都以失敗而告終。人們參與了那些連他們自己都弄不清楚的致富專案，就像網路泡沫和網路公司股市熱一樣。從來沒有人能搞懂那些錢是怎麼賺進來的。他們被網路的概念吸引，卻從來沒有真正理解過這些投機活動如何賺到錢。他們大筆大筆投資，卻連最基本的服務顧客、加強客戶忠誠度都搞不清楚。他們只知道如何吸引用戶去瀏覽某個網站，卻完全不懂如何在這個基礎上繼續產生利潤。最終，整個網路熱潮崩盤了。其他人則在那場不幸的狂潮中成為招攬風險投資家的「專家」，吸引風險投資成了他們僅有的產品！但那個階段過後，他們就不知所措了。

所以，如果你成為一位餐飲業老闆，或一個教練，又或者是一名按摩師，你就必須學會這一行的訣竅。競爭對手到底做了什麼才成功地擴展他們的生意？是聘請了另一個按摩師？提高了教練的費用？延長了餐館的營業時間？總之，不管他們做了什麼讓自己成功，你都要瞭解他們是怎麼做的，以及為什麼那樣做可以賺到錢。

知識就是致富的能力。確保你瞭解自己生意的發展過程、該如何賺錢，以及該如何建立一個持續賺錢的體系。

007 給出百分之五的收入，心安理得地賺錢

我們藉由獲得的東西維持生活，但我們藉由付出來創造人生。
——英國前首相　溫斯頓．邱吉爾（Winston Churchill）

對多數人來說，財富就是你擁有了多少金錢。但如果真的想創造財富，你最好調整一下這個觀點。

把真正的財富想像成是你付出多少金錢。你不可能像守財奴一樣緊抓著財富不鬆手。財富應該會不斷流動，它會不斷流進流出。想像一下海浪吧，一場海嘯能帶來多大的威力？

因此，我們才建議你不要等待時機到來才付出。付出和獲得發生於同時，沒有主次先後的區別。在得到之前先付出會很有效果，而這種做法之所以有效，原因之一就是這樣能讓你不再覺得金錢彌足珍貴，讓你緊抓不放，並說：「我要抓牢它，把它埋進自家後院！」

即使是最憤世嫉俗的人也會明白，**只要在心理上愈不害怕失去錢財，你就能夠賺愈多的錢，並且是快速賺到**。事實就是如此，因為沒有了心理障礙，你就會更輕鬆地標高價格，要求更多，更敢於在思想上冒險。

在賺錢之前就付出，會讓你在潛意識裡覺得賺一大筆錢沒問題，這樣你就不會在無意識中破壞自己的財富流入。你可能會很詫異，真有人會那麼做？自我破壞？是，其實大多數人內心都害怕賺得太多。你不是這樣嗎？你要是這麼想也沒關係，因為別人也會這麼想，但為什麼要拒絕賺大錢的機會呢？

如果在賺到錢之前你就決定把錢讓出去，會更容易避免這種下意識破壞自己成功的想法。現在，你對金錢的感覺提升了，不會再充滿不理性的內疚或恐懼了。因為是你主動把錢讓出去的，你讓財富變得更容易進入你的生活。

把財富讓出去的行為也能讓你在提高售價的同時不會感覺良心不安。因為你知道賺來的那些錢會捐給那些崇高的公益事業，這樣你就不會糾結於可憐的顧客是否能承擔這個價錢了。

所以，拿起電話打給某個你認為不錯的慈善機構吧，向他們承諾要捐款。這樣，在賺錢之前你就已經做到先付出了。現在，和你的生意夥伴坐下來討論，如果你沒有夥伴，就自己好好想想誰應該獲得你準備提供的那部分財富。然後聯繫他們，記下他們的聯絡方式，只要一賺到錢就贈與他們。在賺到錢之前，你就可以好好地籌備這個令人興奮的計畫。計畫也是付出的一部分，你應該計畫如何實現在獲得之前就付出這件事。你可以先在腦海裡計畫一切，然後你的思想會得到解放。

山姆常捐錢給一個專門為非洲挖井取水的機構。如果你捐八千美元給這個機構，政府相關部門就會捐出三倍的錢，也就是兩萬四千美元給他們。

山姆是在一個介紹會裡聽到這件事，現在世界上有很多疾病都是因為水質不好所引起，只要更新自來水系統就能避免許多問題。如果孩子沒有乾淨的水喝，就會遭受各種疾病和死亡的威脅，但若是你能改變一個村莊的供水系統，讓村裡每個人都喝到乾淨的水，就能解決很多未來可能要面對的疾病。所以假使你捐八千美元給這個機構，政府就會再拿兩萬四千美元出來幫當地村民造一口水井。

「當我的某個產品銷量不錯能讓我多賺八千美元時，我就不會覺得內疚了。」山姆說：「相反地，我會想：『哇，現在我把錢寄去了非洲，讓金錢的價值整整擴大了三倍。』所以當有人說富人都是自私鬼時，我根本不會理他們。」

這種付出的方式能讓你的內心允許自己賺很多錢。因為你知道自己會拿它來做好事，錢會流向那些令它更有價值的地方。你知道自己不是像守財奴一樣把錢存起來，而是把其中一部分贈送出去，讓錢財本身更有價值。在賺到錢之前先計畫一下要如何捐出去，然後把那個計畫寫下來。看看賺到錢後要贈與給哪個人或單位？自己能給出全部收入的百分之五嗎？反正我們從沒聽說過有人會因為只留給自己剩下那百分之九十五的財產而無法存活。不久之後，你就會不斷地尋覓各種慈善事業好適合你那百分之五的財富，因為你的思維已經從錢財彌足珍貴轉變成如何才能付出更多。甚至很多人在嘗到了這一做法的甜頭後，欣然把比例提升至百分之十，甚至更高。

為什麼目前還沒有多少人會這麼做呢？

那是情感的問題。人們害怕自己會令自己失望，他們不想令自己沉溺於奢華的排場之中。他們不想變成捐助慈善的闊商，尤其是在還不確定自己是否能在之前的生意中大賺一筆時。

這就是付出給予的想法會對你起作用的原因。**提前計畫你的給予，就能排除那些害怕賺大錢的想法，讓自己在創造財富的道路上，擁有更加開闊的視野，更具有創造力。你會讓錢財流動起來，消滅那些對創造財富來說消極、負面的情緒**。你不會再因為賺大錢而深懷內疚之情，因為你賺錢的正能量正在通過你的慈善事業傳遞出去。這樣，你就不用再抓緊錢財了，它會自然地流向你，並通過你的手流到更需要它的人手中。你開始自我增值，加快財富流動的速度。

你可以把給予財富當作是靈魂需求或因果循環，甚至是實現宇宙法則的方式。如果你相信一切都是上天註定，那麼你也可以通過給予財富參與進來。只要你在心靈和心理上都處於正確的狀態，錢財自然而然會流向你。而付出給予，就是所有流動的起始點。

008 不靠彩券靠自己

二十年後，讓你失望的不會是你所做的，而是你沒做的。所以丟掉帆腳索，駛離安全港，隨風前行，冒險去吧！

——美國小說家　馬克．吐溫（Mark Twain）

我們寫過一篇小說叫作《做小生意的百萬富翁》（*The Small Business Millionaire*）。在這篇小說裡，主角法蘭克完全不知道自己究竟創造了多少價值。法蘭克就是我們日常輔導客戶的典型代表。他對自己究竟創造多少價值的財富特別迷糊。

通常法蘭克會去商店買十美元的食材，拿回他的小餐館做出一頓價值三十美元的飯菜。就這樣，他完全靠自己的技能創造了二十美元的價值。

如果你砍倒一棵樹，然後把這棵樹切割成大小不同的木板，最後做成一件家具賣出去，賺到一千美元，那麼你就創造了一千美元的價值。（記得要再回去重新種一棵樹。）

而在此之前，這個一千美元價值根本不存在。

所謂價值，來自於人們所做的事。人類被造物主創造出來，就是為了某一天可以創造出價值。有些人會說：「我對做生意或從事商業工作一點都不在行，對錢的事情也一竅不通。」但是這個人卻會走進一個花園種花種草，從虛無中創造出一些東西。另外，他也可以做一些創造性的工作，比方說讓之前爭吵不休的家庭成員們達成和解，或者為一個受到驚嚇的小孩子提供溫暖和安全感。總之，我們總是在盡自己所能地創造新東西。

那些堅持不相信自己能創造出鉅額財富的人，也許會向你展示一間被他們粉刷一新的房間，或是出去一會兒，回來後讓你欣賞一座他們動手建造的鳥屋。

既然人類都是上帝按照自己的樣子創造出來的，那你就註定需要去創造一些什麼。道理其實就這麼簡單，你早已經擁有「創造」的一切先天性條件了。不管是成為小生意場上的百萬富翁還是別的什麼大人物，你都已經具備了那個潛力。**這種潛力並非來自於外界，也不存在於時下最熱門的生意之中，而在你內心，就在你的體內。**

最近山姆走進一間加油站的便利商店，女收銀員問他要不要買彩券。「不，不用了，謝謝。我不需要中獎。」山姆說：「你能意識到，即使是拿最低工資的人一生中也賺得到一百萬美元嗎？所以我們可以生活在這個國家，其實已經是中獎了。」

收銀員朝他翻個白眼就走了。

很多人都在幻想著大獎從天而降。彩券行的廣告上寫著：「下一次頭獎數額：四百萬美元！你能想像嗎？」山姆每次看到這種標誌都會想：「是的，我可以想像！但我再也不會買彩券了。不管你信不信，我認為中大獎反而會讓人喪失前進的動力。實際上，如果我真的中了大獎，我會感到失望，因為我覺得『噢！見鬼了，現在我不能靠自己賺這麼多錢了！』」

當你說想要「中獎」時，你應該好好想一想，能在這個綠色星球上自由自在四處走動，就像中了樂透一樣。這可是億萬分之一的機率，所有因素都必須配合得恰到好處，你才會被創造出來。所以你能夠出生就是中了大獎。如果你不知道該怎麼恰當地使用獎金，就不要嘗試再去中這些「人為的獎項」了吧。

此外也要考慮機率問題。很多人說，樂透是上帝為了懲罰那些數學不好的人的方式，因為贏的機率小之又小，連小行星撞翻你家房子的機率都比這個大一些。

但事實上，即使你真的中樂透，也可能無法好好地享受那些錢財帶來的快樂。有調查顯示，超過百分之七十的中獎者都希望他們根本沒有中獎。因為得到這些並非他們自己辛苦所得的財富後所發生的一切，簡直就是一場惡夢。

甘地（Gandhi）曾說過，非勞動所得的錢財是世上最真實的惡魔之一。那會讓得到它的人發瘋，讓人無法再感受激勵的刺激，不敢再去冒險，失去自己親手創造財富所帶來的樂趣、喜悅和自尊。

這也是我們這本書與《祕密》（*The Secret*）這本暢銷書有些不同的地方。雖然《祕密》這本書充分表達了人的思維在創造成功的過程中所起的作用，但它也告訴你，只要你能好好審視內在，並想像自己發財或成功的場景就能夠獲得成功。只要盡你所能幻想夢中的天堂，財富就會如著魔般向你飛去。**雖然創造財富的途徑很多，但我們強調的是你可以主動創造它，用行動創造它！**

《祕密》為人們指出了一條明路，告訴我們總是擔憂、幻想那些心中不希望發生的事情可能為我們帶來不良後果。這也是迄今為止解說人類思維魔力最好的一本書。我們經常會把它作為禮物送給我們的客戶，就是那些被擔憂、害怕糾纏得無法脫身的人們。他們沒有意識到，擔憂、害怕只會讓事情更糟。（擔憂是對想像力的誤用。）

但同時也要記住，你也能成為發財的起因。這並不是說，你有「吸引」財富的能力。雖然有那麼多勵志書教導人們如何通過想像和期盼來吸引財富，但我們自己還從來沒有遇到只靠想像力就獲得成功這種好事。

「創造財富」要求你先創造出完美的服務和價值。誰都不會希望創造財富的樂趣被剝奪，創業也是如此。你完全可以在大企業裡從當小雇員開始，讓每一個與你交談的人，都變成你的潛在客戶。

009 慢一點，才不會錯過真正的機會

如果你想痛不欲生，就設計個未來吧。

——美國心靈課程專家 拜倫·凱蒂

有龐大的計畫和夢想沒錯，但創造財富就在當下，現在，就在這一刻。創造財富從來不是在時間長河中的任何其他點，它一直都在現在。

所以只要確定了你的計畫，就不要再去想未來，回到這一刻。你即將進行的談話才是最重要的，每一刻都有很多隱藏的商機，如果我們只知道向前衝，就會錯過它們。

讓你所有的夢想（做偉大的事情、有無限的創意、改變人們的生活）都在今天實現，不要想將來要如何，從你的腳下出發。

心理學家史坦尼斯拉弗·葛羅夫（Stanislav Grof）曾在《意識革命》（*The Consciousness Revolution*）中說過：「我認識很多立下生命中最重要目標的人，他們的目標需要幾十年勤奮且持續的奮鬥才有可能實現，而當他們終於成功時，卻變得嚴重抑鬱，因為他們期望達到的，是這個目標無法給予他們的。喬瑟夫·坎伯（Joseph Campbell）把這種狀況稱為『爬到梯子頂

端卻發現梯子靠錯了牆』。」

不要拖著不去做，不要把你幸福放在某個需要用力爬的梯子頂端，不要等到你「成功」再去享受生活。**財富只會被那些現在就享受生活的人吸引，那些知道如何善用當下這一刻的人。**

當人們說，希望你能實現你的潛力，他們一般指的是你的未來。但運用潛力最好的時刻不是未來，而是現在，因為潛力只是才華的同義詞，運用才華的最好時機就是當下。（你的才華是什麼？想想你喜歡做什麼。）

這一整套「潛力」的說辭令很多人在臨死時因為沒有實現它而生氣鬱悶，好像它是顆遙不可及的星星，或是旋轉木馬上的那個銅圈。

你的潛力並不在遙遠的未來，它就在現在，當人們說看到了你的潛力，他們看到的其實是你已經擁有的東西，否則他們不可能看得到它。沒人有預知能力，但他們看到了你現在所擁有的。所以，你的潛力並不在什麼遙遠星系的遙遠星球上的未來，而在現在、當下，你今天就可以發揮它。

當我們指導那些覺得賺錢不夠的客戶，我們的第一個任務是讓他們放慢節奏，因為我們發現他們常常錯過就在眼前的黃金機會。當他們說需要找新客戶時，我們會讓他們慢下來，回頭看看老客戶名單，他們完全可以找出很多不同方式來服務這些已經在名單上的人。我們的客戶們為了流動資金感到壓力巨大，那是因為他們的腦子有百分之九十的時間都在憂慮未來。

我們有個客戶是職業演說家和銷售培訓師，在這裡我們就叫她吉爾吧。吉爾希望我們教她如何大幅增加收入，我們首先查看她的日程表。透過吉爾的講述，我們發現她因為過於擔心，每天都累得筋疲力盡。把腦子用在擔心上實在是大錯特錯，這是對腦子的虐待，就像用你的電腦來擋著門一樣。

吉爾給史帝夫看了她的日程表，史帝夫說：「讓我們先把你緊張的生活節奏放緩一點，告訴我這個是什麼。你寫下來的是『銀行主講』。」

「哦，那個是我的一個主題演講，沒有什麼，講一次是六千美元，我得找到更多這樣的工作，一個月要是有三次，我就能心滿意足過日子了。也許我應該寄更多的DVD和小冊子給其他銀行。」

「慢一點。」

「慢一點？」

「為什麼他們需要這個主題演講？」

「我不知道，那家銀行最近讓所有的銷售人員去度假村開會，我猜是整個部門銷量都在下降。他們總是請人在度假會議上演講。」

我們向吉爾建議，其實她沒有意識到自己擁有更多的生意機會，但她的腦子裡總只想著未來，大概在和銀行經理談這個演講時，她的腦子就已經轉到別的地方去了。我們讓她回去銀行，瞭解他們為什麼會需要這個演講，他們希望達到什麼目的，為什麼他們會舉辦這個活動，他們希望這次度假會議能達成什麼目標，諸如此類。

一週之後，吉爾十分震驚地回到我們這裡。銀行經理告訴她，他們這次活動有很多目標，他們的銷售團隊遇到了形形色色的困難，其中一些困難，比如電話銷售技巧、社區關係和透過老客戶介紹新客戶，這些都是吉爾擁有豐富培訓經驗的領域。會面後她掌握了足夠的資訊，為那家銀行策畫了一個為期一年的培訓專案，兩個月後，銀行批准了這個專案，吉爾獲得了十五倍於主題演講的酬勞。

就因為她放緩了腳步，留在當下，慢慢思索。經過我們一年的培訓，吉爾終於能夠看到她想要的其實一直就在她眼前。她一直都太過匆忙地惦記著未來，以致錯失了眼前的東西，就像是一隻追逐著自己尾巴的貓那樣。

當下這一刻鋪滿了黃金，就像通往天堂的街道。未來才是慘淡恐怖的，不要去幻想未來！

010 別踏入「快速致富」的陷阱

財富，就像幸福一樣，追得愈兇，它就離你愈遠。只有好好服務他人，才會創造財富。

——美國汽車製造商與企業家　亨利．福特（Henry Ford）

破產的最快捷徑就是企圖快速致富。

創造真正財富的最大敵人之一，就是捲入最新的賺錢方式、地產潮流或新潮概念。別相信你能忽然碰上某個輕鬆賺錢的神奇途徑，現在這種捷徑很多，看看電視裡的行銷廣告你就能找到它們。

然而，所有這些致富捷徑都不確實，因為它們讓你錯誤地以為能從自身之外找到發財的資源，並且輕鬆地一夜致富。

我們不是說你不能輕鬆快速地賺錢，你可以，但如果聽到有人說：「現在加入就行了，其他的一切放心交給我們！」你一定要非常小心。

不要以為這樣可以走運，運氣和財富根本不相關，運氣和真正持久的財富毫無瓜葛。

電視上每天都在播著廣告，向你傾銷最新出爐的「商機」，但他們真正販售的其實是你的輕信，他們就是利用了你的這一點。所以當你在電視上看到能讓你賺大錢的特許經營權或機器的廣告，毫無疑問，他們兜售的是你快速致富的渴望。

我們都知道那個著名的非法金字塔型傳銷體系。有某人來告訴你他們如何能一下就賺到五萬元，只要你能早點加入，然後拉夠多人進來就可以發財，只要不弄斷傳銷鏈！即使你不會被抓，簡單算一算你也該知道那最終會讓你一無所有，因為沒有人得到服務。創造財富的方式是服務，而不是什麼狡猾伎倆。

看看有多少人喜歡賭博！賭博就是利用人們想走捷徑發財的心態，做一夜暴富的夢，以為什麼都不做就能發財。賭場清楚得很，簡單算一算也知道他們會讓你一無所有，因為沒有人得到了服務。

所有這些致富的捷徑還有一個致命的錯誤就是，把你本人從這個過程中去除掉。如果你想創造真正的財富，就應該把自己當成其中最重要的部分。**你需要培養自己生產財富的力量，主動地、有意識地培養；運氣並不重要，因為不需要運氣也能成功，不需要「最新的熱門發財方法」也能致富。**

如果把你的注意力放在熱門的方法而不是你自己身上，會讓你忘了去問問自己：「我最擅長什麼？我最愛做什麼？我能夠為這個世界做什麼貢獻？我的才華能夠如何去幫助他人？我能夠如何服務大眾？」

就像銷售培訓大師吉格．金克拉總是說，只要你能幫助足夠多的人得到他們想要的，你就能獲得一切。

當你在閱讀那些真正的成功者故事時，像是溫蒂（Wendy）連鎖餐廳的大衛・湯瑪斯（Dave Thomas），麥當勞的雷・克羅克（Ray Kroc）或家得寶（Home Depot）的老闆們，甚至是微軟（Microsoft）的比爾・蓋茲，他們都完全沒有參與任何賺錢捷徑，相反地，在最初幾年總是會有失敗和工作艱辛的過程，但他們的卓越遠見最終讓他們獲得成功。這一點，再加上希望服務更多的人，就是最好的成功之道。

用你的一技之長去服務他人，是通向財富的真正途徑，不要因為其他人的說辭而偏離了這一條路。

011 機會就在你的腳下

背上行囊，去墨西哥吧。

——美國藍調搖滾樂團 史帝夫米勒樂團（Steve Miller Band）

山姆年輕時有一個願望，想外出打拚賺錢、征服世界。他總是認為實現自己的夢想需要到另一個地方去才行，因為那些地方機會更多。

「我本來打算去墨西哥，」他說：「因為據說那裡是最熱門的淘金之地。然後過了一段時間，我又覺得應該去中國，因為安麗（Amway）正準備在那裡開分店。我心想：『有十億人可以加入我的多層金字塔體系呢！』還有一次我打算去紐西蘭，因為那裡有一個長途電話業務，看起來很不錯的樣子。我想著：『一定要去那裡，那才是我能夠發財的地方！』我甚至還考慮過去智利，想著在那裡能挖到我的第一桶金。」

現在山姆承認，當時的他真是瘋了。

不過為「找地方發財」的想法而發瘋的現象並不稀奇。我們都曾經歷過，覺得機會在別的地方可能更多。

曾經有一本暢銷書叫作《鑽石之地》（*Acres of Diamonds*），作者是羅素・康威爾（Russell Conwell）。他在書中描寫這種為了尋找自己發財之地而瘋狂的現象。這本書你花一個小時就能看完（你也應該讀一讀），書的內容來自於康威爾的一場演講，這演講後來他在全球講過六千多次！他一遍遍地重複同一個主題，卻總能讓他的聽眾受到啟發。

康威爾這本書的中心思想是，如果某人希望尋找機遇、成功或是財富，他其實不用去其他地方追尋，能讓你達成目標的一切資源都已經蘊藏在你居住的社區裡。他的演講其實來自一個阿拉伯導遊講的真實故事。有個人非常想找到鑽石，甚至為此賣掉了自己的土地，四處雲遊去尋覓夢想中的鑽石，結果一無所獲，而買下他那塊土地的人卻驚訝地發現，鑽石礦就在他自己家的地底下！康威爾用普通美國人成功的例子詳細解釋了這個主題。在演講的最後，他會朝觀眾大喊：「去挖掘你自家後院的財富吧！」

現在，你可以很方便地在網上找到這個令人深受啟發的演講。而康威爾最終用演講賺來的錢在費城創立了天普大學，並資助至今。

之後，山姆不再四處尋求遠方的機會。他反而在自己家鄉開辦了一間小型音樂舞蹈工作室安定下來，最終找到了屬於他自己的「鑽石之地」。如今，他認識很多離開自己家鄉前往其他地方尋找淘金地的「淘金客」。至於他們想去的那個地方，毫無疑問，根本不會成為他們所希望的金礦。

當我們為來自偏遠小鎮的客戶，比如來自蒙大拿州、懷俄明州或愛荷華州的客戶提供諮詢時，經常可以聽到他們這樣的說法：「如果我能在加州做生意，一定會比現在好上很多倍。因為加州有那麼多優勢，那裡人口眾多、家庭富裕，多好啊！」

然而，來自加州的泰瑞莎卻說，如果她能在康乃狄克州做生意就好了，因為那裡地方小，競爭也小，不會那麼繁忙，做生意的成本能降低很多，那樣她一定會獲得成功。在加州做生意實在太難了，來這裡淘金的人數眾多，讓原本就人口眾多的加州擁擠不堪。

舉上述這些例子，並不是說我們不讓你搬家，但別以為搬家就是一個必備選項。你不一定非要離開家鄉才能找到發財的途徑。**不管你在哪裡，腳下就會產生商機**。特別是現代社會，人們的聯繫更緊密，更趨向全球化。

只要擁有網路，身處何地其實一點都不重要。想想你上一次購物的網站，它的辦公地點在哪兒？紐約？華盛頓？誰在乎呢！我們都曾經從亞馬遜（Amazon）網站上購買圖書和影音產品（也許連這本書，都是你從網路書店買來的），但是亞馬遜網站總部在哪兒？誰知道？

無論你在哪裡，你都處在世界的中心。

去一個你真正想去的地方，只有這樣，你的生意才會更好。如果你真心想待在家人身邊，或是回到一個你打心底喜歡、有歸屬感的城市，那你就會慢慢成為那個小社會的一員。

不要只是因為那個地方可能會有更好的機會就跑去。創造財富應該從一個你真正喜歡、真正希望留下的地方開始。（對於有些人來說，或許他們更喜歡繁忙充滿活力的大都市；但對於另一些人來說，或許不是這麼一回事。）你的職業和你習慣的生活方式要一致才會成功。讓周遭的一切都順遂你的心意。不要一直說：「如果有一天成功了，我就去真正想去的地方生活。」**你喜歡哪裡，就從哪裡開始吧。**

012 有錢人是壞人？有錢人可不這麼想

金錢，代表了生命中平淡的一面，很難堂而皇之地讚美它，但從它的影響力來看，又美得和玫瑰一樣。

——美國思想家與文學家　拉爾夫·沃爾德·愛默生（Ralph Waldo Emerson）

在查爾斯·狄更斯（Charles Dickens）的小說裡，吝嗇的壞人們總是為了榨取錢財而不惜犧牲可憐的窮人。他的小說幾乎為整個西方文明對富人的看法奠定了基礎。

即使是現在，這種觀點的影響也還在延續。在電影裡，壞人總是有錢人，有錢的大公司總是想要整垮小人物，這種傾向就是從狄更斯的小說開始的。

但是，如果你既想得到財富，又想維持內心的平靜，就必須放下手中的狄更斯小說了。你必須自己來書寫屬於你的歷史。

英國偉大的詩人約翰·彌爾頓（John Milton）曾說過：「心可以決定自己的地方，它可以把地獄看作天堂，或將天堂視為地獄。」

首先，我們必須認清，金錢是個好東西。有了錢，你才能幫助他人；有些問題只有透過錢才能得到解決。所有那些保護環境、拯救動物、教育窮人、治療疾病的慈善機構，可都不是窮人們資助的。

狄更斯的思維方式就是把有錢人都說成壓迫者，這是典型的酸葡萄心態。人們不去想「我也可以變成有錢人」，卻想著「我才不想變得和這些有錢人一樣」，這立刻就讓有錢人變成壞人的代名詞。

諷刺的是，不斷加強人們這種對富人形象負面看法的，正是那些好萊塢的導演和演員們，而他們拍攝一部這樣的電影就可以獲得高達兩千萬美元的報酬。靠著在電影裡塑造有錢人凶神惡煞的形象，這些人就賺得荷包滿滿。

如果你就這樣盲目地接受了狄更斯式的思維方式，那對你自己的發展顯然沒半點好處。因為你不想成為那個連你自己都鄙視的人。

父母們要注意了，教育孩子的時候應該特別注意，避免使用這種「仇富」的思維方式，要確保你的孩子們不會把富人和壞人畫上等號。因為多數父母很容易把他們自己對有錢人的嫉妒心態傳遞給孩子。他們會用酸溜溜的口吻說：「噢，那些人？是的，他們真的很有錢。」孩子們可以輕易地從父母的口氣中聽出嫉妒的態度。

把金錢變成萬惡之源的是什麼？是嫉妒、憤怒、怨恨，還是恐懼？心靈導師拜倫·凱蒂曾經幫助過許多人從他們的「金錢問題」中解脫出來，她幫助他們自在地審視財富的增長和流動，讓他們不需擔心太多。就像凱蒂曾說過的：「金錢能夠自由地流動，它從這裡流到那裡，經過所有國家，所有的電話線和電纜線。它告訴我們如何自然流動、如何衝破藩籬、如何隨機應變，我們因此明白了金錢來去自由的道理。金錢是一位偉大的導師。如果你能學會金錢的運行方式，你一定會愛上它。」

社會讓你的大腦學會了兩套話語體系，一套創造財富，一套招致貧窮。無論你選擇使用哪一套話語體系去思考或說話，都會對你能否成功造成深遠的影響。因為你真的可以透過腦中的句子或改變說話方式，來決定自己有錢還是沒錢。

當你開始說話時，你身體的每一個細胞都會開始聆聽。你會下意識去相信自己說的每一個字，把你說的每一句話都當真。你可以現在就開始嘗試，隨時隨地實驗這種「由語言到真實」的變化過程。你只需要重複一些特定的辭彙和短語，比方說：「我真的覺得好睏，我真的覺得好睏。」感受一下，會發生什麼事？你會真的開始打呵欠，真的感到倦怠。你也可以說：「我嘗到嘴裡有檸檬味。」忽然間，你的嘴會抿起來，嘴裡會真的嘗到酸味。這些實驗都證明，無論你是否完全「相信」你內心的想法，你的言行都會對身體裡的化學物質產生影響。

所以，**當你發現自己正在使用那些會導致貧窮的辭彙時，馬上打斷自己，換一個更積極的辭彙。這種聯繫可以在很大程度上激發你創造財富的潛能**。現在，當你準備說「我肯定買不起那個」時，馬上打斷自己，然後說：「等一下，這不是真的，很可能我們馬上就買得起它了，因為我對現在的工作很在行。」你可以隨時替換剛說出口的話。透過思考，讓你的語言為你創造財富的能力增添助益。就像勵志大師拿破崙．希爾（Napoleon Hill）教我們的那樣，我們真的可以藉由思想來增加財富，所有人都可以。（這也是他推廣的重點，不需要靠天分致富，一般人都可以思考並累積財富。）

語言不僅是一種外在的交流形式，它還可以是一種思維過程。我們使用語言，創造出屬於自己獨一無二的世界。你透過「說出」，使你自己的世界得以存在。

做任何事之前，你都應該先想好話語，然後說出來，最後在行動中讓它得到強化。再過不久，你就會真正開始像你說的那樣去做。

但最開始的時候，財富真的只是一個詞、一個句子而已。如果你連想像自己要做這件事都不能很好地完成，那麼真正去做這件事時，即使能夠完成，對你來說也不會太順利。

任何經歷過催眠的人都知道，如果你通過語言去影響你的腦子，使大腦相信你不能舉起手臂，那你就會真的舉不起手臂。所謂有經驗的催眠師就是能夠順利繞過你理性思維的左腦，直接向你感性思維的右腦下達指令，像是說：「你的眼皮都睜不開了……你的腿冰冰的完全不能動，你不能從這個椅子上起來。」當他這樣告訴你之後，你就真的不能做這些事情了。

無論任何事，只要你告訴自己能夠做到，你就真的能夠做到。

別再說什麼經濟不景氣之類的話了，別再無緣無故發牢騷，說自己就是不能成功；也別去抱怨小人物總是倒楣，說什麼「我不認識大人物」之類的話，這些都會招致貧窮。

我們有關財富與成功的習慣性語言會反映我們的態度。所以利用這幾天嘗試一下，聽聽其他人都怎麼說話，觀察一下這些人對具體事物的看法，或者問問他們對於目前的網路現象、經濟形勢和社會生活有什麼想法，注意他們的反應和回答。這些回答能告訴你，他們是否在使用可能導致貧窮的語言。這些用語習慣能對他們現在的很多生活狀態做出解釋。

或者用拿破崙．希爾的話來說：「人的大腦會受到其中存有的支配性想法磁化；這些『磁體』透過任何人都不瞭解的手段，為我們吸引到與頭腦中支配性想法的本質相同的力量、人和人生際遇。」

現在，你應該向自己所有致貧想法的正確性發起挑戰。你可以用致富的語言來取代它們，不要說什麼「我不得不這麼做」，要說「我選擇這麼做」；不要說你在處理「問題」，要說你在處理「比賽、項目或是極富魅力的挑戰性狀況」；不要說「我會嘗試熬過去」，要說「我可以從中學到很多東西」。就像這樣，把受害者式或受迫式的語言「我必須」，變成你自己的意圖，像是「我希望、我選擇、我會這樣做」。

我能否成功地創造財富？我希望，我選擇，我一定會成功。

013 枯燥的工作也可以是一門藝術

我喜歡枯燥的東西。

——美國藝術家　安迪．沃荷（Andy Warhol）

二十年前，如果你告訴別人近年來最成功的商業案例是一家家具建材行和一家咖啡館，他們肯定認為你嗑了藥在胡說八道。

但事實的確如此。家得寶和星巴克（Starbucks）兩家企業獲得了成功，他們把我們所認定的枯燥生意變得有趣。如果是二十年前，沒有人會相信一家家具建材店能創造出什麼有趣的概念，可是家得寶做到了。他們提出「自己DIY」，並廣受歡迎。這表示像家具建材業這樣存在已久的行業，仍然能給創業者帶來大量財富。

一提起創造財富，人們總以為自己應該直接去挑選一些好玩的專案或計畫，就像你在雞尾酒會上聽到的對話。

「我投資了最新的熱門行業，基因奈米資訊！我恰好趕上了。」

「哇！你現在在做那一行啊！那一定很棒。」

但是傳統行業比之於熱門的新興產業，仍有自己的獨特優勢。如果這是一個傳統的行業，那它往往已經存在了一段時間，市場成熟而穩定，人們也已經使用過了這種產品或服務，所以你不用再花費時間和金錢去等待市場接受它，更不用擔心十年後它被人遺忘。一個已經建立的傳統行業往往會有三十年左右的歷史，而且有很大可能還會再存在另一個三十年。

當山姆和他妻子瓦爾開辦他們的工作室時，清晰簡潔的行業屬性成功幫助他們創造自己的財富。教孩子們音樂和舞蹈是個「枯燥」的傳統行業，完全不是什麼嶄新閃亮的新事業。這項服務、這個行業甚至已經存在一千多年了！只不過是教人學會一種樂器或一種舞蹈，但山姆他們的投入與創新，讓這個工作室的事業變得有趣，並讓他成為百萬富翁。

韋恩．惠森加（Wayne Huizenga）曾擁有邁阿密海豚隊、佛羅里達馬林魚隊、百視達娛樂（Blockbuster）和其他許多不同類型的公司，這些企業使他成為百萬富翁。然而在剛開始創業時，他只是一個垃圾回收員而已。他從回收廢棄物起家，並一步一步邁向成功！

在這裡為你揭示的另一個祕密就是，其實根本沒有所謂「枯燥行業」存在。只有當你無法將這些行業作為雞尾酒會談論的話題時，它們才會略顯枯燥。但當你投身其中，就會驚訝於自己的創造力，居然能夠把如此枯燥的行業變得好玩有趣。

看看藝術大師安迪．沃荷是怎麼玩湯罐頭的吧！

沃荷小時候體弱多病，經常臥床。他在學校完全無法融入同學的遊戲圈。當臥床時，他經常畫畫、聽廣播、收集電影明星的海報貼在臥室牆上。回憶當初的經歷，沃荷認為這段童年時光深深地影響了他，最終使他形成愛獨處的個性，培養了他對藝術的熱愛。

只要頭腦保持開放、有活力，到處都可以成為致富的起點。

一九六〇年代，沃荷從一個廣告插畫師成功轉型，尚在人世的時候便被譽為美國當代最著名的藝術家之一。他的藝術風格整整影響了現代流行藝術十年的發展趨勢。

他使枯燥的工作變有趣。他一開始在一些著名但非常嚴肅的美國產品上繪畫，像是坎貝爾牌湯罐頭，之後又改成大量生產絲質面產品。他不僅把大規模標準化生產的產品變成藝術，也把藝術變成可以大規模標準化生產的產品。沃荷說過，他想把自己變成「一台機器」。於是他降低了自己產品中創造性的發揮空間，努力使創造性降至最低。很快地，他的作品因為極富爭議性而流行開來。於是，人們就看到了沃荷紙鈔、名人頭像、產品商標、剪報圖片。沃荷所使用的材料在此之前都已存在，都不是什麼新事物，就像可口可樂瓶一樣又普通又枯燥。

沃荷說：「美國這個國家偉大的地方在於它開創了一項傳統，最有錢的顧客和最貧窮的顧客買到的產品本質上都相同。你收看電視節目，看到了可口可樂，你知道總統也喝可樂，伊麗莎白．泰勒（Liz Taylor）也喝可樂，然後你想想自己，你也可以喝可樂。可樂就是可樂，花再多的錢，你買到的可樂也不可能比轉角處流浪漢買到的更好喝。伊麗莎白．泰勒知道這一點，總統知道這一點，流浪漢知道這一點，你也知道這一點。」

沃荷後來創辦了《專訪》（*Interview*）雜誌，並於一九七五年出版了他的專著《安迪．沃荷的哲學》（*The Philosophy of Andy Warhol*），他在書中宣稱：「賺錢是一門藝術，工作是一門藝術，好生意是最好的藝術。」

沃荷的資產數額異常龐大，以至於在他死後，蘇富比拍賣會花了九天的時間，才將他價值超過兩千萬美元的遺產拍賣完畢。而他的資產總量，據說比這些還要多得多。

他在世時就是最偉大的流行藝術家之一，而他的成功祕訣就是熱愛那些對其他人來說無比枯燥的東西。

工作的樂趣一半來自於你所投入的熱情。你完全可以把工作轉變為藝術創作的機會，把握每一天創造你自己的傑作。

014 將「需要」轉為「想要」

你想要的一切都垂手可得，它也想要你，而你只有行動起來才能得到它。

——法國作家 朱爾．勒納爾（Jules Renard）

我真的需要這份工作。我真的需要這筆錢，所以我不得不走下去，出賣自己。我必須這麼做，我必須無視任何機會。我不能拒絕它。

熟悉嗎？這就是你內心關於需求的對話。這種對話一直不斷交替出現，所有那些你需要做的，所有那些你必須做的。

一年前，我們曾輔導過一家公司，他們有個麻煩的員工叫威利，但他同時也是業績最好的銷售員，是公司頂級搖錢樹。這家小公司的老闆阿倫總是說：「威利對我的生意有不好的影響，我需要花費大量精力處理他的問題。但另一方面，他在賺錢獲利部分表現出色，所以我們需要他。我們不能炒他魷魚，因為這樣做會讓我們賠很多錢，我們真的賠不起那麼多錢。」

阿倫認為他需要威利。但是在所有的職業關係中，「需要」就是一個毒藥。這是一種心理上的功能錯亂，而且以我們的經驗來看，這種現象絕不會出現好結果。

最終，老闆阿倫還是下定決心。「不，我們不能從需要的角度看待這個問題，我們要開始從希望的角度運作，要不斷問自己：『我們希望這個公司真正變成什麼樣子？』」

阿倫艱難地作出決定，他開除了威利，在公司狀態糟糕的時刻！阿倫的流動資金在短期內立刻受到巨大衝擊，但是如今，當他回頭再看自己曾經做出的決定時，阿倫感到非常高興。因為他終於衝破了「需要」這個心理屏障。從那以後，阿倫再也沒有讓自己的「需要」主導過他的行為。他本著「想要」的心理來經營公司。不僅如此，後來取代威利的新人在三個月內就達到與威利一樣的銷售額。

當你總是考慮自己是否需要，你的心思會變得脆弱，無法產生任何新奇有趣的好點子。很多與我們合作過的小型公司都曾把他們的生意建立在不斷滿足需求的基礎上。他們因為這些需求而頻繁開會討論：「我們需要做什麼？我們需要招些什麼職位的人？」在這些令人恐懼的會議結束後，雇員們異常焦慮地穿梭在公司大樓，嘗試填補所有這些未達成的需要。這些會議都充斥著「需要」這個詞。

「既然我們手上有如此緊急的任務，我們需要做多少準備才能安心？」這是一種對生活的驚恐反應。這樣的行動完全基於回應而不是創造。

我們會訓練、輔導這些公司，幫助他們完成創造財富的目標，而不僅僅是滿足需要。**真正的成功應該是一種創造，而不是疲於應付各種需求**。

當我們成功地讓個人或小公司的談話從「需要」轉換到「想要」時，他們就能夠大步前進了。而我們所做的，就是將這些個人或公司的習慣性用句從「我們需要什麼」轉變成「我們想要什麼」。我們發現，人們愈是願意用語言和畫面來描述理想的場景，就能愈快實現它。沒有了畫面，你的腦子無法幫助你。人類的大腦不能解決模糊不具體的問題，或達到模糊不清的目標。理想的場景應該充滿了色彩與畫面，就像一幅圖畫那般具體。

對此，深有體悟的財富創造者會這樣開始他們的會議：「我們希望創造什麼？我們希望生產什麼？」突然，一切都會隨之改變。他們從這種需要的困境中解脫出來，在機會來臨前先行動。於是，他們獲利了。

「需要」會浪費你寶貴的精力。安．蘭德（Ayn Rand）說過，美國是第一個用「賺錢」這個詞的國家。其他地區的人提到金錢的時候總是態度謙卑、處處逢迎，像是「它來找你了」、「你真走運能得到」、「你被賜福了」，好像錢財就是某種自上而下的賞賜。但美國是第一個站出來說「我們要賺點錢」的國家，其中包含的內心力量讓美國人徹底明白，你可以製造財富，你可以製造經濟蓬勃的狀態，而不是被動地等待賜予。所以，在這種情況下，你就能理解為什麼美國人能領軍全球製造業了。這完全不令人意外。

其他國家普遍認為有限的財富需要重新分配；同理，世界上所有的社會主義國家都在試圖重新分配那些已經存在的有限財富。但美國人不是這樣，他們依賴產品的創新和服務創造出新的財富。只有具備創造性的思維，財富才能夠在想像中獲得成倍的增長，生出更多錢，無限擴展人類的才能，就像浩瀚的宇宙經歷過大爆炸，成為如今的模樣。

從「需要」到「想要」的轉變，其實與大爆炸理論相同。透過這種轉變，你的自身文化都可能被你引爆。比如你可以問：「我們希望我們的會議是什麼樣子？」而不是：「我們需要討論什麼？」我們想要開會討論我們的需求和問題，還是更願意跳出這個困境來問：「下一週我們希望生產和創造什麼產品？我們如何達到目標？」

你愈是考慮需求，就會得到愈多需求，你將會失去內心的平靜和堅強；你會開始整天憂心忡忡，就像有一個廣播電台二十四小時在你耳邊不停嘮叨，讓你的擔憂整天無法間斷。你害怕無法得到你想要的，因為你內心的廣播正在通知你：「我需要新員工，我需要顧客，我需要錢，我需要貸款，我需要休息……」其實生活中有很多看似無法緩解的壓力都沒有存在的必要，因為這種東奔西跑的狀態都是你製造出來滿足日常生活所需。這種生活毫無創造力、毫無啟發性，更不存在開開心心為他人服務的想法。當你終日奔波忙碌、試圖滿足自己的需要時，所有創造財富的機會就會與你擦身而過。

一旦你將思維轉到希望的東西上，你就會開始變得富有創造力。之後，你就會開始主導一切！因為你正在做你最想做的事情。當你說自己「希望」擁有更多顧客，而不是「需要」更多顧客時，這就是欲望而不再是需求了。這會很巧妙地改變你整個人生。

當你的生命中充斥各種需求時，還會有一個不好的地方：一旦某個需求得到滿足之後，你就不會再繼續努力了。滿足需要的行為就像嗑藥上癮一樣，沒有需求，就沒有行動！相反地，你可能還會想：「因為我不是真的需要，所以我不用把它記下來，不用當成自己的行動目標或是努力完成它。因為我不是真的很需要它。」現在，你已經不再去主動追求目標了，因為你不再需要它了。

當你問自己希望什麼時，你的想像空間可以無限擴展，不用被悲慘地束縛在需要和基本生存條件的角落裡。如果你每天起床後，坐起來先問自己的是：「我需要些什麼？」你的人生就會被限制住，只能產生一個有限的購物清單，一段很有限的人生。

有很多人都陷入這種「需要」成癮的生活中，把金錢與生存畫上等號。「我需要付這個月的房貸，不然我會沒房子住，如果沒有房子，我會被凍死。這就是我今天需要做的。我要避免讓自己痛苦地死去。為什麼這一點都不有趣？」

當你將這種思維轉換成你真正的希望，你就會發現你真正想要的，其實是再也不用擔心房貸問題；你可能希望還清所有貸款，不用每個月為債務擔心。正因為你把它當成一種自己希望解決的問題，所以就有可能轉變解決問題的方式，甚至富有創造性地去完全搞定它。

花點時間，去搞清楚你生活中「需要」和「想要」之間的差別。然後你就會見識到改變的力量。比方說，有時你會為某些人去做些很美好的事，像是送禮物、寄本書、購置幾片CD等等，只是因為你喜歡他。而他的第一反應可能是告訴你：「不用這麼客氣！」而你會回答：「哦，可是我就是想這麼做。」你的行為讓生活中的一切都顯得如此美好。

你可以試著這樣練習轉變思維的方式。拿一張紙，在中間畫一條線，把你的需要寫在左邊。誠實一點，你現在真正需要的到底有多少？當開始這樣練習後，你很快會發現很多曾經自以為需要的東西，其實都可以忽略不計。現在在右邊寫上你希望做的事，然後根據你羅列的「希望清單」計畫自己的行動。你會驚訝地發現，其中很多項目都實現了，正因你把它們寫在紙上。你為自己實現了夢想！因為你已經真正開始思索該如何將這些希望的計畫變成現實。

015 不需發明，只要改進

成功就是把普通的事情做得完美。

——美國成功學作家 吉姆・羅恩（Jim Rohn）

人們總是希望能夠發明一種世界上的人從未見過的東西，並靠它致富。但是，實際是這個世界上的大多數財富，都是在某個既有的服務或產品基礎之上經過再創造而產生的。

當日本人從戰爭廢墟中建起一個工業強國時，他們所做的也不過就是「再創造」了那些早已被發明的東西。他們將市場上已有的產品加以改進，然後銷售出去。

他們根本就不需要發明一輛全新的汽車！

創造力本身與發明相比，更近似於再創造。將已經存在的某些元素結合在一起，這是一門藝術。很多人以為創造就是變魔術似的憑空變出完全不存在的東西，其實不是。音樂家莫札特（Mozart）說過：「我這一生從未寫過一首完全原創的曲子。」他所做的，就是把年輕時聽過的民謠重新整合，寫出自己的作品。

十五年前，當史帝夫開始成為公眾演說家時，他努力做一個和這一行裡其他人都一樣的激勵演說家。當他上台演講時，他心裡裝滿了湯姆．霍普金斯（Tom Hopkins）、吉格．金克拉、吉姆．羅恩和湯尼．羅賓斯（Tony Robbins）這些在當時就很有名的演說家名字。他做得的確不錯，但在事業上沒有突破。

他同時也喜歡表演和單口喜劇。但在當時，他認為這兩個領域與自己所從事的行業完全沒有聯繫。有一天，他忽然在現場決定把這三個領域結合起來。他在激勵演講的時候，把自己生活中失敗但值得令人警醒的故事用單口喜劇的方式講述出來，讓觀眾們大吃一驚。自此以後，他不再受到這個叫作「激勵演說家」的安全模式的束縛，他用更冒險、更瘋狂的方式再創造了這個職業。

不久，他將單口喜劇、激勵演講和悲慘人生經歷獨白這些不相關的元素完美地結合，形成了他自己的特色。幾乎是頃刻間，人們開始議論史帝夫的演講方式：「那傢伙是真正原創的。我們應該再把他請來，他和其他任何人都不一樣。」

「我愛死觀眾認為我是原創的這種說法，」史帝夫回憶著說：「其實我結合了山姆．基尼森（Sam Kinison）、李奧．巴斯卡利亞（Leo Buscaglia）、路易．安德森（Louie Anderson）、湯姆．彼得斯（Tom Peters）和斯帕丁．格雷（Spalding Gray）這些人的風格而已。我把很多在這一行裡沒人用過的元素都添加進來，我並沒有進行真正的原創。」

山姆開辦他的音樂舞蹈工作室時，常會走去競爭對手的工作室看看，想瞭解一下他即將面臨的競爭。但在那些競爭對手的工作室，他很驚訝地發現那些人一副根本不在乎的樣子，家具傷痕累累，地毯破舊不堪，其中一個工作室甚至連門口招牌都壞了。這些人根本不在乎細節。

因此山姆懂了，其實他並不需要創造出什麼經營工作室的全新方法，只需要再創新一下就可以了。這一次，他需要加上一些對顧客的關心。

史帝夫則有另一種經驗。「幾天前，我走進一間汽車零件行，」史帝夫說：「櫃檯裡站著四個人，幾乎沒有人抬頭看我一眼。整個商店空空蕩蕩，一個顧客也沒有。我不得不輕咳一聲，弄出點動靜讓他們注意到我。那種感覺就跟走進了聖昆汀監獄一樣非常壓抑，雖然我從來沒進過監獄。」那些站櫃檯的人像在坐牢一樣。他們被鎖在自己的世界裡，對工作壓抑而悲觀的看法使他們與坐牢無異。在這種情勢下，要搶走他們的生意實在太容易了！甚至用不著創新，只要加入一點對客戶的關心和在乎就足夠了！中國有句老話：「人無笑臉莫開店。」說的就是這個意思。

任何行業都一樣。創造力就是充滿活力的再創造，你完全不用擔心自己的主意是不是原創。真誠做好一件事比原創更重要！

即便你打算在一間牛排店對面再開一間牛排店，也要在各個方面都做得比那一家好。之後忽然間，他們就會失去所有生意，而你則會賺到一切。

再創造，就是充滿熱情、近乎完美地做好一件尋常的事而已。但現在的很多行業的工作人員都缺乏這個基本態度。僅憑這一點，就能讓你與眾不同。

回想一下，有多少商店你每天進進出出，卻發現裡面根本沒有一個人希望做好他的工作？我們所有人幾乎無時無刻都在經歷著這些事情。所以，如果市場上需要提供一種面對大眾的「再創造」服務，你所需要做的，就是發現那些還沒有被他人做好的事就可以了。

016 知識與智慧能讓你一再創造財富

偉人們相信精神的力量比物質更強大，因為思維主宰著世界。

——美國思想家與文學家 拉爾夫．沃爾德．愛默生

《聖經》故事裡最富有的人是所羅門王。

在《舊約聖經》中，剛被封王的所羅門在夢中遇到了上帝。上帝問他想要什麼，所羅門回答說，他想要「一顆理解的心」。上帝很高興他毫不貪婪的態度，便告訴所羅門：「我必賜你智慧聰明，也必賜你資財豐富尊榮。在你以前的列王都沒有這樣，在你以後也必沒有這樣的。」這個故事告訴我們，智慧而非金錢才會得到回報。一顆理解之心能招來財富，而不是其他任何東西。

很多人想要有錢的是因為想獲得心中的終極寧靜。這些人的心因為所有與金錢相關的事物煩惱不已。他們可以為了錢與所愛的人發生爭執。金錢讓他們焦慮並走向瘋狂。

這些人都沒有從所羅門的故事中學到真正的道理：智慧第一，金錢第二。**一顆理解的心，永遠比一個焦慮的頭腦更能獲得財富。**

當你想像自己正在創造財富時，你也許會想，自己所有的努力換來最有價值的東西就是金錢。但事實上並非如此。最重要的是你在追求財富的過程中，所取得的知識與智慧。

「如果我必須從放棄所有手中的財富和放棄所學知識中二選一，我寧願留下知識，」山姆說：「因為知識更有價值。」物質財富總是能夠重新賺回來。日本和德國都在二次大戰中被戰火燒成一片廢墟，但他們迅速重建了一切，並重新成為經濟強國。

如果你仔細研究那些賺錢、賠錢、又重新賺了錢的有錢人，並回顧他們的經歷，你就會發現，只有知識才是真正的財富。那些成功達到了經濟目標的人們總是會說，達到目標本身不是重點，重點是透過賺錢的過程，讓他們變成了什麼樣的人。

賺錢之道從來不在於你獲得了什麼，而在於你變成了什麼樣的人。

我們之所以這麼肯定，是因為我們曾經教過幾百位與你境遇相同的學員，雖然他們都具有不同的生活背景，有著不同的失敗經歷，而最終回顧這一切時，他們最珍視的都不是所謂的財富，而是在這個過程中學得的知識和智慧。現在這些東西，都變成了他們能力的一部分。

所以，即使突然降下一場大災難，所有的物質財富都毀於一旦，他們不得不重新白手起家，也沒有任何關係。因為這些人都堅信自己可以東山再起，並再次獲得成功。

017 保持自信，提升自我價值

你愈有自信，就愈能不落窠臼地創新。在不斷迅速變化的世界，這會讓你大獲成功。

——美國心理學家　納撒尼爾．布蘭登

這個世上能毀掉財富的致命一擊，就是缺乏自信。每天一開始，自信心不足的人就會說：「我配不上它。誰會想要雇用我這樣的人呢？他們怎麼會想升我的職呢？我到底該不該申請那個領導職位呢？」

缺乏自信會讓你變得魅力盡失。

如果你對自己創造價值的能力沒有信心，那麼為自己爭取相應的薪酬這件事情，對你來說只會愈來愈難開口。但是終究，人們會按照你認為自己所具有的價值來支付酬勞給你，而不是以他們所認為的價值。

我們想告訴你的是，**金錢的交換是一種能量的交換。有時，我們進行交換的可能只是一種思路，但仍然是一種能量。如果連你自己都認定自己的價值很低，那別人就很難幫你把能量值提高了。因此，保持自信、提高自我價值的最好方式，就是傾聽別人對你的讚賞。**

如果你收到一封電子郵件表揚你的工作，記得保存它。建立一個專門的檔案夾，把它拷貝進來。之後，記得把所有對你所做事情的正面評價都放進這個檔案夾裡。你也可以拿出一個日記本，只要有人打電話感謝你或稱讚你，就記錄下來。也許下一週或下個月，在參加一個非常重要的會議前，你會想瀏覽一遍這些內容，記住自己究竟擁有多少價值。

一旦你不打算去想自信的問題，就會很容易失去它。有時你會需要另一個人來鼓勵自己，提醒自己有多出色。有時扮演這個角色的是你的搭檔或伴侶。他們能在我們極為重要的會面之前幫我們打氣，但記住不要依賴他們，最好由你自己負責，畢竟，那可是事關自信的大事。

018 不要浪費時間在小事上

如果你不知道該怎麼處理桌上那堆檔案，那就把它們扔給你的同事。如果你有疑問，那就扔給別人。

——美國《富比士》（*Forbes*）雜誌發行人　邁爾康．富比士（Malcom Forbes）

讓別人幫你修剪草坪，讓別人幫你買迴紋針，讓別人去做那些浪費時間阻礙思考的小事。當我們輔導學員時，會提出一些發財的建議給他們。但有時他們會猶豫不決，因為他們說自己沒空！他們不知道如何改變忙碌的生活狀態。

「我大概有七年沒有自己修剪草坪了，」山姆說：「但我家有割草機，我可不是那種不屑於割草的人。但我只用過它兩次，每次我都覺得，這簡直是瘋了！」

山姆說他會把割草機和一些工具留在屋子裡，以免讓他的孩子誤認為這些事不值得一做。他可不希望自己的孩子長大後在採訪中說：「我們屋子裡根本沒有割草機。」山姆說：「總有一天我得拎個空的公事包，穿上西裝偶爾離開家幾趟，以免讓他們誤以為我現在的生活方式十分正常。」

我們並非不讓你親手去做修剪草坪之類的工作。事實上，很多人藉由修整後院獲得極大的滿足和放鬆。對這些人而言，週末在庭院裡勞動就像在進行某種禪宗修行。但他們這麼做是要讓自己心情愉快，並沒有把它當作生活壓力的一部分，也覺得這種事「必須去做」。

我們輔導過一個大企業的老闆，他為了出門購買辦公用品而在一個有兩百名觀眾的會議上遲到。買迴紋針！這就是他遲到的理由！他太沉溺於處理這些小事，完全忘了還有更重要的任務。於是我們讓他每天這樣問自己：「哪些事情會讓我獲得更高的回報？」「哪些事情我可以分派給別人去做？」

你是否總是在做一小時賺十美元這種事情？而這個時間你本來可以和人交流，然後賺到二十倍、兩百倍，甚至兩千倍的錢。關鍵就在於，你要學會做比較。**我們應該把眼光放長遠一些，不要被那些壓力大又耗精力的小事淹沒掉。**

偉大的健康導師安德魯・維爾（Andrew Weil）說過他愛洗盤子，他總是在集會後主動要求洗盤子。也許有人會說，他是那個著名的富翁安德魯・維爾！他大可不必親自動手洗盤子！但他就愛做這件事。**當人們做他們愛做而不是「必須做」的事情時，他們就能創造出財富。**

拿破崙・希爾曾說過：「思考，然後致富。」他其實是要大家提升領悟力，別再覺得做每件事都壓力很大，應該自己想想喜歡做什麼。他所說的「思考」和IBM公司常說的「思考」意義相同。IBM公司早期會在他們辦公大樓的所有牆面貼滿「思考！」這個詞，而他們所指的真正含義是：從完全不動腦、領悟力低、習慣性忙碌的工作狀態中逃離出來。

集中精力，專注於你想要做的事吧。

019

接受批評是進步的開始

永不停歇和永不滿足，是進步的必要條件。

——美國發明家　湯瑪斯．愛迪生（Thomas Edison）

我們親眼見證過一些小公司和小商人只用一種方法就成功扭轉了不利局面，讓生意好轉，那就是：解決顧客的批評。

當人們開始歡迎這些批評，並把批評當成瞭解客戶的重要管道，事業往往能取得突破。如果還能把批評當作潛在機會，那你現在的一切都會發生改變。

但大多數人不想聽到批評。他們覺得批評只會令他們痛苦，讓他們難堪。因此，在這些人的生活中，創造財富應具備的邏輯思維過程被感情用事取代了。

一個叫唐尼的店主曾是我們的客戶。當我們在走廊上等他時，總能聽到他在辦公室裡解決顧客打來投訴電話的聲音。

「噢，是的，是的……他不滿意我們的送貨速度……告訴他，我會回他電話，但是我今天沒空。」

唐尼不明白自己正在錯失最佳的發財機會。在他看來，顧客的批評只會對他的生意產生威脅，讓他終日充滿負面情緒。但其實，他錯過了瞭解顧客的絕佳機會。他並沒有看到，如果他能夠好好地處理這些批評，就能解開一個巨大的謎團：顧客真正看重的是什麼？這個訊息，價值連城。

如果唐尼沒有感情用事，他就會很快明白這一點。因為他去參加過很多關於如何理解顧客潛在需求的講座。這些講座教過他，透過老客戶吸引新客戶的途徑就是傾聽你的老客戶。當他去聽這些講座時，他很理性，認真做筆記，但當他真正去面對一個現實中的客戶批評時，他就徹底變得感情用事，還因此錯過了瞭解客戶的絕佳機會。

唐尼不明白，其實顧客會告訴他許多如何改進自己生意的訊息，只不過這個資訊是以批評的形式出現。這些改進生意的建議都非常棒，唐尼卻完全聽不進去。他甚至覺得自己受到了威脅，他要保護自己，不想和顧客開誠布公地溝通。他正在面對一個親身體驗過他服務的人，並準備好告訴他如何進一步完善他的工作，他卻完全不想理睬對方！

挖掘批評中的潛在資訊還有一個途徑，就是在你員工辭職的時候。通常要是有員工辭職，老闆會感到遺憾，然後把他拋之腦後，或者大喊：「好走不送！」但減少員工離職損失的最好辦法，其實是認真把握每一次離職談話。為什麼這個人要離開？即使你的確希望他們快點走人，這個問題的答案也能提供給你很多有用的資訊。

人們往往不願聽到任何「壞消息」，卻沒有意識到，如果你能更有創造性地思考問題，壞消息也能變好。如果只是純粹考慮如何創造財富的問題，你就能把壞消息變成良機。

從今天開始，改變態度，歡迎各種批評吧！過不了多久，你的員工就會意識到，即使你聽到不好的消息也不會翻臉、崩潰或者發飆，相反地，你會滿懷感激地認真對待它們，他們會更樂意跟你溝通。如果你能做到這一點，批評就會出現得更快，而你的成功也會加速到來。

美國最大人力資源公司創始人蘭斯・希克雷坦（Lance Secretan）曾說過：「如果我們打從心底把顧客當作上帝會怎樣？很多人覺得這個主意很荒謬。但既然你能珍惜路邊的一朵花，為什麼就不能珍惜你的顧客呢？」

020 在提供的服務中簡化一個步驟

成功的唯一祕訣就是站在別人的角度去看問題。

——美國汽車製造商與企業家 亨利・福特

你現在提供的是哪種類型的服務？所有有工作的人都在提供服務，提供你這項服務的步驟是什麼？你能去掉一個步驟嗎？

賺錢的其中一個方法，就是從你現有的服務過程中，去掉一個步驟。舉例來說，奈飛公司（Netflix）的電影租賃網站就去掉了顧客去ＤＶＤ出租店租買光碟的步驟。顧客發現再也不用開車去影音出租店租光碟也不用為了避免逾期罰款而特地開車去還。這一步被奈飛公司去掉，取消之後，他們迅速賺到大筆金錢。

去找出可以取消的步驟，問自己：「客戶們要做些什麼才能得到我的服務？什麼步驟是我可以取消的？」

只要你能取消一個步驟，他們就會高興。因為就像很多社會觀察家注意到的那樣，「時間就是金錢」。**如果你能幫人們簡化程序、節省時間，他們就會用金錢來回報你。**

史帝夫曾經在他演講場所的後面擺了一張桌子，好讓聽眾能在休息的時候過去看看，順便買他的書。現在，書也成了演講合同的一部分，當聽眾到達座位時，書就已經擺在他們的椅子上了，連擺桌子的步驟也取消了。

我們這裡有一家銀行也做了省略步驟的事。如果你去銀行，最不願意的就是排隊，然後存錢。這家銀行取消了這一步！如果他們的工作人員看到有人在排隊，就會走過去問他：「您是要存錢嗎？如果是，我可以現在就幫您存。」然後他們把錢拿過去，幫客戶填表、存好錢，客戶不用排隊就搞定了一切。因為不用排隊，我們都愛死了這家銀行，連我們的一些朋友和親戚隨後也把錢轉到了他們那裡，銀行的財富就這樣增加了。

不管你提供的服務或產品是什麼，即使在大公司工作也要問問自己：「是不是必須這麼做？能不能幫客戶節省時間？能不能省略一個步驟？」

想想音樂界，現在你可以下載音樂而不用再去CD店。很多時候，你只要看看客戶們需經歷什麼就能找到方法，比如那些要填的表格。

不管你讓他們做什麼，都問問自己：「他們非得那麼做嗎？我們真的需要他們那麼做嗎？有沒有方法省略這一步？」持續問自己這些問題吧。就像傑克．威爾奇（Jack Welch）說過：「速度就是一切，它是競爭中最不可或缺的部分。速度、簡化和自信，三者相輔相成。」

以前你只能看實體書，但現在有聲書出現，一個全新行業被創造出來，人們把書錄下來讓你聽而不只是翻看。不久電子書又出現，你可以直接下載一本書，再下載音樂邊聽邊讀。

如果你現在正在銷售商品，你可以僅憑改進送貨方式就實現財富的快速積累，而不必耗費心神去研究如何讓產品更新。你是怎麼送貨的？可以送得更快嗎？可以讓接收者更方便地接收貨物嗎？

不一定只有企業家才需要使用這些方法來獲得成功。即使你只是一名行政機構裡坐辦公室的公務員，也可以通過革新自己的工作（靠簡化一個步驟）獲得晉升。

021 想成為業界傳奇？先讓客戶大吃一驚

現今全球金融業最大的祕密就是：如果你的服務極好，你賺的錢就會數都數不完。

——美國管理學家　湯姆．彼得斯

把你和你的生意變成傳奇的祕密就是讓別人大吃一驚。只把事情做好不能成為傳奇，沒有人會只因為你做得夠好而到處宣揚你。做得好這件事沒什麼好和人聊的，這樣的名聲會消失，不再被複述、傳頌。傳奇的真正目標應該達到我們的好朋友達比．柴克茲（Darby Checketts）所說的「震驚顧客」的境界，只有這個境界的生意能真正激發人們口耳相傳的效果，讓你變成一個人人稱頌的傳奇。

耶穌佈道時曾有過讓拉撒路起死回生的事蹟。人們對此瞠目結舌，之後，這個故事就這樣不斷傳了開來。

我們要尋找的就是這種更進一步的、讓別人都想不到的效果。只要是和服務相關，我們都要這麼做。所以，如果有人要向你購買一件東西，你只要在賣給他們的同時比他們所要的多做一點點，或比他們預期的更快一點點，或是給他們一點出其不意的感動，就可以了。

只有出其不意，才能一鳴驚人。它是一條非常有用的軍事戰略，如今也成了一條非常有用的財富策略。

諾德斯特龍（Nordstrom）百貨公司之所以會成為傳奇，就是因為他們能讓顧客驚訝得連嘴巴都合不上。他們有些做法甚至稱得上荒誕！在服務顧客方面，他們簡直是在發瘋。有一個關於他們的故事是這樣的。有位女士非常擔心她的裙子不能在她去東岸參加一個重要聚會前及時改好，因為她第二天就要上飛機。但當她到達東岸時，發現裙子已經在賓館房間裡等她了，繫著漂亮的緞帶，還有一盒巧克力和一張「感謝您光顧諾德斯特龍」的紙條。

諾德斯特龍就是這樣盡他們所能讓顧客感受到驚喜。透過這些簡單的行為，人們開始談論他們。事實上，只要能讓顧客夠驚訝，他們就會滔滔不絕地談論你。人們不論去哪裡都會提到諾德斯特龍，這可比花上幾十萬廣告費的效果要好得多。之後的傳說愈傳愈神，到最後我們也沒辦法分辨這些諾德斯特龍的故事中，哪些是真、哪些是假。

所以，你也可以製造出一些話題，抓住一切機會做些瘋狂的事情。

大多數人只會考慮該如何滿足顧客，只會想知道顧客是否滿意，但問題在於顧客認為他們應該被滿足，只滿足顧客需要的服務無法創造財富。一個僅僅「滿意」的顧客絕不會向別人提起你。他絕不會興奮地告訴別人你能夠做什麼，因為你只滿足了他的需求而已。

當我們在學校裡得到「令人滿意」的成績時，意謂著那就是個「C」。C等於滿意，但沒人會因為一個孩子得了C而讚揚或祝賀他，因為那只是平均水準，剛剛及格。大多數人還是只想問他們的顧客是否滿意，但獲得財富的捷徑是去問一個全然不同的問題。

我們第一次聽到這個說法是在一次研討會上。達比・柴克茲也參加了我們的研討會，他問台下觀眾：「你們願意讓你們的顧客震驚嗎？」

不要擔心震驚顧客的做法會顯得荒唐，你會習慣生活在瘋狂邊緣的。過不了多久，你就會對這種狀態充滿期待。你可以藉由問自己這個問題來達到這種狀態：「我現在能做什麼來讓我的顧客們大吃一驚？」拓寬你的思維，自動跳出框架的限制。你需要突破想像的極限，想出只考慮滿足顧客時絕對想不出來的好點子。

偉大的汽車經銷商卡爾・塞維（Carl Sewell）說過：「如果我們能好好接待一個顧客，他的一生將會在我們這裡買二十輛左右的車，還會推薦一個以上的朋友過來。一輛車三萬五千美元，很容易就能累積到五十萬。所以我告訴從接待處到服務部的所有同事，只要我們能夠齊心協力讓顧客喜歡我們，剛走進店裡的這個人，就是一件五十萬美元的大生意。」

一個被震撼到的顧客會不停地向別人說起自己的驚人經歷，口耳相傳永遠都是最好的廣告。不論何時，只要有事情讓你吃驚，你就會談論它！所以最好的創造性遊戲就是讓你的員工坐在一起，不斷問這個問題：「我們怎麼做才能讓客戶大吃一驚？」

這個辦法不僅對公司有效，對你個人也是如此。如何讓一個對你來說很重要的人驚訝？驚訝，不僅只是討好與滿足這麼簡單。這種思維方式會讓你的大腦蹦出各種稀奇古怪的方法，激發出令人驚訝不已、無法忘懷的行動。

022 做你熱愛的工作，財富跟著來

與愛何干？

——美國搖滾歌手　蒂娜・透娜（Tina Turner）

在橄欖球名人堂中占有一席之地的四分衛法蘭・塔肯頓（Fran Tarkenton）總是說：「如果不好玩，說明你做得不對。」這句話也是創造財富的座右銘。

想要更快地在人生中創造財富，你就要把喜歡做的和正在做的事情聯繫起來。當你認為做的事對你而言真的很有趣時，你就不會覺得工作時間度日如年了。

任何事情，讓你做起來覺得時光飛逝的，都是所謂的「你的特長」。那是你的熱情和優勢所在，你會不知疲倦，不斷地嘗試新的方法去完成它。這樣的工作不僅不會是負擔，而且對你來說，這不能算是「工作」。你會富有創造力，並從中獲得更多能量。

很多人看看電視就以為房地產是現在最賺錢的行業。但如果他們不是真心熱愛這一行，那麼從事房地產交易只會讓工作變得枯燥鬱悶。你只會陷進不斷看著時間滴答的怪圈圈，絕對無法呈現出那種精力充沛、思維活躍、總能做出正確選擇的狀態。相反地，他們會發現從事房地產業就是個苦差事，因為他們的心根本不在那裡。

很久以前，史帝夫曾在廣告公司工作。雖然他不喜歡這種工作，但認為那是一個賺大錢的行業。人們總是告訴他，只要你能寫東西，有豐富的表達能力，有極富創意的點子，那麼在這個社會中賺錢的唯一方法就是去從事廣告業。他進了那行，做得還不錯，但他並不熱愛這個行業。所以當他所在的公司停止營運後，他做了一次遠行，重新審視自己的內心，回顧自己的人生。史帝夫回憶著：「我想說：『好吧，我不知道下一步將會做什麼工作，所以我為什麼不停下來，花一分鐘去尋找我真正想做的事情呢？』」他一時想不出答案，於是又花了更多時間思考：「那麼，我在什麼時候最快樂？我在什麼時候真正認為自己在享受做事的樂趣？」然後他想到早年自己曾做過的戒酒癮演講。在某個十二療程戒斷法的聚會中，他面對著滿屋子的聽眾講自己的戒酒過程。

史帝夫說：「我一生中最有趣、最刺激、最享受的時刻，就是對著整屋子的人進行演講的時候，所以我想：『很好，這也許說明我該以這個為職業。』我開始四處尋找合適的生意夥伴，並想到一個人，他曾向我的一個廣告客戶提供過演講。於是我嘗試找找他，和他合作，看看自己能不能跟他做一樣的事情。」

那個人名叫丹尼斯．迪頓（Dennis Deaton），他是一個研討班的主持人，也是一位知名的公眾演說家。史帝夫到他手下工作，做他的學生，學會他的工作方式。不久之後，他自己就能對著一屋子的人獨立演講了。就這樣，他講得愈來愈多，始終熱愛這一行。

史帝夫說：「直到我開始做自己真正熱愛的事情，財富才開始出現。我也知道自己喜歡寫作，所以我開始寫關於我演講內容的書。從那以後，更多的財富隨之而來。」

不要以為做自己想做的事情就是自私的表現。**你自己的快樂情緒就是吸引財富的磁鐵**。但大多數人以為情況是相反的：我只有賺到足夠多的錢，才能讓自己開心，或是等我還完貸款、買房子、買第二間房、買艘遊艇、換個新情人等等，直到這個時候，我才能享受生活。這完全是毫無用處的瘋狂想法。

反轉一下，做你喜歡做的，錢財自然會跟著你來。這個原則的另一層意思是，跟你喜歡的人一起工作。

「我不想顯得太囉唆，」山姆說：「但我總對別人說，和我妻子共同經營的事業才是我最愛的事業。我是真的樂意和我妻子一起工作。因為這樣，我才可以真的和自己的家人共事。我想人們得開始轉變一下思路，過去他們總以為事業、家庭不可兼顧；要嘛擁有成功的事業賺大錢，要嘛擁有溫馨和諧的家庭生活。其實你完全可以兩者兼得。」

所以如果你希望開始思考如何創造財富，就請先單獨待一會兒，散個長步，泡個澡，租間小木屋，在那裡待上一個週末，不要電視，不要娛樂，只是獨自待著。讓你的大腦徹底放鬆，傾聽自己的心聲。沉浸在你熱愛的事業中很重要。因為比起試圖從事你認為應該做或別人介紹的熱門投機行業，做你熱愛的事會更快地創造財富。

馬克·吐溫曾說過：「工作法則看上去的確很不公平，但它就是如此，任誰也無法改變。員工們愈能從工作中得到快樂，他們愈應該獲得更多的收入。」

023 一句話說清楚你的賣點

簡約就是最終極的繁複。

——文藝復興時期博學家　李奧納多・達文西（Leonardo Da Vinci）

如果你在電梯裡認識一個人，你會如何介紹自己？史帝夫曾用他的「酒吧凳測試」來指稱這個方法。但他後來戒了酒，於是他開始稱它為「電梯演講」。

酒吧凳測試是基於這樣的場景：你坐在酒吧的凳子上，而坐在你旁邊的陌生人會過來搭訕：「你是做什麼的？」現在，你只有十秒鐘來回答這個問題。要在十秒鐘內向一個陌生人描述你能提供的服務，這一點非常重要。這個測試到底有什麼獨特之處呢？

特色在於，你必須用一種激動人心的方式形容自己從事的一切。如果你正帶領著一個團隊，那麼最有用的做法就是，讓團隊裡的所有人都知道這個簡潔的「廣告」，那將會對你大有幫助。這樣你的推銷團隊就能在電話裡迅速地把它背誦出來。

你在做什麼？你為什麼與眾不同？你有什麼獨特之處？你必須學會非常迅速地說清你的優勢、人們喜歡你的工作的原因、為什麼他們會想要你的服務以及為什麼他們該花一大筆錢買你的服務。

讓你的說法簡潔而明確的好處是，它會很容易傳播。這樣一來，你就能輕易教會其他人也這麼宣傳你。這樣，當其他人再去告訴他們的熟人時，他們的熟人就能記得住。

最好的例子發生在很多年前。那時的餐廳還不會外送披薩，但達美樂披薩（Dominos）決定送貨上門。不管你信不信，以前人們想吃披薩的時候只能開車出去買，或者在家自己做！但達美樂披薩店提出一個新口號：「達美樂披薩幫您送到家。」他們所有的廣告就是這句話！這就是他們的任務宣言、生意計畫、獨特賣點。而這一切就包含在短短的一句話之中！達美樂披薩幫您送到家。這句話實在很簡單，人人都記得住。很快地，人們就開始不斷重複這句話：「達美樂披薩幫您送到家！」一旦有人開派對，只要有人提出：「我們去買披薩吧。」立刻就有人跟著唱：「達美樂披薩幫您送到家！」於是，他們就會撥打達美樂的電話，點外送披薩。

史帝夫回憶說：「當我剛開始做公眾演講時，我很想找一句簡潔的廣告語能讓我與眾不同。我一直在等待某個聽過我演講的人準確地把它表述出來。最後，我算是半哄半騙地讓一個人說出了我想聽的話，之後我就把這句話用到所有的場合裡。」

那句話是史帝夫的朋友弗萊德．耐普（Fred Knipe）說的。耐普是一位編劇，得過美國電視界的最高榮譽艾美獎。他聽完史帝夫的演講後說：「史帝夫．錢德勒是傑瑞．宋飛（Jerry Sinfeld）和安東尼．羅賓斯（Anthony Robbins）的瘋狂結合。」從那之後，每個人都開始使用這句話。每個人都會告訴他們的人，這就是史帝夫的風格。

史帝夫說：「那些人介紹我時都會這麼說。隨後，任何一個考慮請我去演講的人都會在電子郵件中說，他們正在考慮用我。這句話最終變成了我的標誌性宣傳語，而這就是我所說的酒吧凳演講，就是我的特色。當然我也得配得上這個稱號，另外，這句話也很貼切地描述了我個人和其他演講者相形之下的與眾不同。」

所以，腦子裡存一個簡短的口號來描述你能提供的服務，真的非常重要。當你有一個十秒鐘內就可以說完的明確口號，並且讓人人都能記得住，你一定會獲益匪淺。

024 表揚會讓人幹勁十足

這個世界上，對愛和讚賞的渴望遠遠超過了對麵包的渴望。
——天主教慈善工作者 德蕾莎修女（Mother Teresa）

積極待人絕對比消極待人好。但你總聽過這句話：「會哭的孩子有糖吃。」很多人就以為想達到目的必須大聲抱怨。事實上，如果你真的是很難對付的人，那麼你會遭受意想不到的對待，並且跌破眼鏡。山姆說：「我只願意和我喜歡的客戶合作。如果有人對我提出太多愚蠢要求，我根本不考慮和他合作。我的意思是，拋棄會哭的孩子，換個不會哭的。」

海豚訓練師發現，如果給海豚一條小魚獎勵它們跳過鐵環，那麼它就會願意再跳一次鐵環。訓練師們可沒有拿著棒球棍揍海豚，來懲罰它們不跳鐵環的舉動。馴獸師們在多年之後學會了一個道理，正面刺激是世界上最有效率的訓練工具。

我們曾被一個小律師事務所邀請去當業務顧問，培訓他們如何獲得更多客戶推薦的業務。第一次會面時，我們對圍坐桌旁的律師說：「我們就從這裡開始吧。現在你們獲得推薦客戶後有多少獎勵？」現場一片沉寂，沒有人發言。然後我們說：「讓我們沿著桌子一個一個來，你們輪流告訴我，你可以怎麼做以獲得更多客戶推薦。」但他們提不出任何建議，其中一個律師說，那樣做他們會被認為很不道德。過不久，我們建立了一個追蹤系統，如果有人推薦一個新客戶，事務所就會有很多人以不同方式向他報以真誠感謝。不僅如此，如果那個官司最後打贏了，就會有人向原本推薦客戶的那個律師回饋所有的情況，並再次感謝他為這樣的好結果做出貢獻。系統建立後的第一年，這家律師事務所的推薦客戶翻了不只一倍。

不管你想要得到更多的業務或者其他什麼，也不管你現在創造財富的方式如何，問自己這個問題：「我該如何去獎勵？」因為在任何生意或企業中，你得到的就是你獎勵出去的。

如果你跟小販、雇員、顧客、生意夥伴甚至是上司打交道，正面激勵會比負面批評有力得多。**正面激勵和讚賞會令你得到更好的服務、更高的價錢，甚至更好的推薦客戶**。如果你是一個人工作，要把生意外包給一些小生意人，正面激勵也同樣有效。你的周圍充滿了願意為你跳鐵環的「海豚」。像海豚訓練師那樣做，他們就會更好地為你服務，把你當成他們的優質顧客。他們會因為聽到你說他們幫到了你而愛死你。

每個人都希望得到更好的服務。而當他們得不到時，大多數人就會採用負面回饋的方法，大聲抱怨。但他們並沒有意識到，當自己這樣做的時候，被抱怨的對象就會把他們當成最後才考慮的客戶，完全不去重視。這種反應有時甚至是下意識的，因為沒人喜歡聽到抱怨。

正面激勵對任何物種都有效。所有的造物主「傑作」都更喜歡正面激勵而不是負面回饋，但我們人類自己卻常常忘記這麼做。所以毫無疑問，我們愈是記得把正面激勵融入到創造財富的過程中，就愈能使財富快速湧向我們。

025 限量供應，讓你潛力無限

老闆只有一個，那就是顧客。他可以開除公司的每一個人，上至總裁下至員工，只要他決定把錢花在其他地方。

——美國最大零售商「沃爾瑪」（Walmart）創始人 山姆．沃爾頓（Sam Walton）

創造財富的最好方法之一，就是想辦法製造一個專屬的小圈子。如果你準備辦一場特別推薦會，記得不要開放給所有人，如果有其他人想來，把這些人列入下次活動的等待名單。

只要真的製造出一個專屬小圈子，你就增加了口耳相傳的機會。人們會開始談論你和你的小圈子。哈雷（Harley-Davidson）摩托車的成功正是由於他們碰巧撞上了這個方法。因為有一段時間他們的產品開始缺貨，人們要是想買他們的摩托車必須排隊等待。公司曾經擔心客戶因此大量流失，但情況正好相反，人們更想得到哈雷的摩托車了。這家公司簡直就是市場奇才！於是他們保留了這個策略，即使貨源充足，他們也不開放供應。現在不論是誰想買哈雷摩托車，都得排隊等候。

你也能仿效他們這麼做，想辦法制定一個限量計畫並堅持到底。那將會增加你賺錢的能力，因為人們都想要成為特別小圈子裡的一員。**市場經濟下，你完全可以利用供需法則創造獲利空間，這是最基本的經濟原理。當產品供不應求時，價格自然會上漲。**

這就是經濟發達地區的獨棟別墅價格上漲的原因。市場供應有限，而需求量快速增加，價格自然就會上漲。所以，如果你能夠在自己的生意裡利用到這一點，創造出一個供不應求的真實局面，那麼你根本不需要滿足所有客戶就能發大財。

有時候，在我們這裡學習的學員會說：「如果我不能滿足每一個顧客，那就對他們太不公平了！」但仔細想想，你可能做到滿足每一個人的需求嗎？永遠不可能！在你的銷售區域裡，顧客總是多過你的產品，所以不如乾脆利用這一點，提高你的售價。你可以提高售價，再做些額外的事，讓你所提供的服務更有價值。大多數人看不到限制自己產品供應數量的價值所在。他們的貪婪之心讓需求欲望太過旺盛。

我們有個學員，叫蘇珊娜，她正在籌備自己的每季健身講座。已經有七十五個人報了名，我們問她希望有多少人參加這項活動。她說：「呃，我們可以容納兩百人。」

「好吧，但比較可行的數量……」

「我們可以接受一百一十個，或是一百一十五個。」

「很好，你為什麼不把出席人數設定在一百人呢？不再多一個人，讓所有人都知道你只剩二十五個名額了。」

「不，不，不，我們可以容納得下一百零五個人。我不想拒絕任何人的錢，我需要它，真的，我需要它。」

蘇珊娜沒有看到，愈是限量，愈能創造財富。如果她限制了出席人數，人們就會想盡快確保自己能夠參加。而她最終能夠在每個名額上收到更多的錢，還能減少廣告開支。因為這個世界上最好的廣告語就是：「搶購一空！」如果她把出席人數限定在一百人，然後迅速賣完，那麼再組織下一期活動時，票就會賣得更快，因為她完全可以跟顧客說：「上一次活動門票被搶購一空，所以我們不得不拒絕了一些人。他們想要參加下一次活動的話，就只能進入等待名單了。對了，你想參加下一次的嗎？」人們一定會立即報名！

大多數人不理解限量的好處，不明白限量能增加價值。他們認為應該從每個人身上榨出最後一分錢。只要有錢他們都歡迎。山姆的工作室在他那個地區第一個宣布只讓六個孩子報名參加三歲班、十二個孩子報名九歲班。那時和他們競爭的其他工作室經常有十八、二十，甚至二十六個孩子在一班。這些人總是為了錢讓所有人擠進來。他們太需要那筆錢了。

但財富和成功並不來自於你不顧一切的需求。客戶們總是想要得到他們得不到的。因為得不到，所以價值更高。**限量會讓你的顧客們產生一種強烈的、全新的渴望。一切都會因此改變。你用不著今天就榨乾客戶的每一分錢，從長遠來講，限量能讓你得到更多。**

克里夫蘭印第安隊就是這樣做的。他們建造了一個新球場，比老球場更小。人們紛紛跑去跟他們說：「等等，你們真是瘋了。」因為當地的人口比以前多，粉絲數量也比以前大。

這些人就是不明白限量會增加價值的道理。但當克里夫蘭隊開始賣球賽門票時，人們瘋了似地來買未來場次的票。也許連球員們也會因此打得更好，因為在滿座的球場裡興高采烈地打球，一定會比在空蕩蕩的球場裡淒慘打球要好得多。一切都會更好。

從今天起，設一個限量，限制你的顧客數，讓自己潛力無限吧！

026 堅決開除讓你煩惱不已的員工

你開除的人不會讓你的人生痛苦萬分，那些你沒開除的人才會。

——美國商業專欄作家　哈維．麥凱（Harvey Mackay）

湯姆．彼得斯是個商業奇才，也是麥肯錫（Mckinsey）前顧問。過去二十年來，他的書和演講為美國頂級商業帶來的改變比任何人都多。彼得斯最近在他的網站上發布了一種能讓任何事業、任何團隊變得真正偉大的「配方」。我們看到這個配方後很高興，因為那和我們這幾年與不同團隊領袖的合作體會不謀而合。這個配方很有效，但也許因為它過於簡單，人們反而不會把它當回事。其實，我們都有些不好意思把它收到書裡，因為它太簡單了。但我們向你保證，只要你照做，你的銷售量將會暴漲。而且我們的經驗已經證實了這一點。

湯姆．彼得斯的成功配方：

- 聘用陽光型！
- 開除陰鬱型！

- 聘用並提拔性格開朗的人。
- 開除解雇總悶悶不樂的人。
- 提示：愈是公司高層，這一點愈重要。
- 規則一：領導者不允許有「糟糕的日子」，特別是在糟糕的日子裡。
- 規則二：一顆老鼠屎壞了一鍋粥。
- 規則三：一個有活力且樂觀向上的人，可以推動一隊人搬走一座山。

如果你的某個下屬與整個團隊中其他人或你個人對成功的渴望與價值觀都格格不入，不要猶豫，馬上開除他。記住，你可沒有發誓一定不會這麼做。這和「忠誠度」毫無關係，這只關係到成功。我們培訓過很多公司老闆，他們都很害怕裁掉公司的「毒瘤」，總擔心找不到能替代的人。但就像湯姆．彼得斯所說的，開除陰鬱型，徹底解決你的麻煩。至少你不用再繼續和那個人打交道，你會很高興自己這麼做。

在我們多年的培訓生涯中，我們從未碰過任何一個人後悔開除陰鬱型員工。相反地，我們認識很多人都後悔拖得太久，覺得自己應該盡早行動。

甚至這麼做對員工本身也是好事！你讓他們從不開心的工作環境中解脫，並告訴他們，其實他們很出色，只是入錯了行。而你會幫助他們認清自己，找到更適合自己的工作。你會驚奇地發現，很多人都把被開除當成急需的當頭一棒，從此讓自己的職業前景更加光明。

今天就把這個禮物送給你某個難纏的手下，你會因為自己這麼做而大大開心起來。

027

競爭對手能激勵你前進

競爭不僅是保護消費者的基礎，更是進步的動力。

——美國第三十一任總統　赫伯特．胡佛（Herbert Hoover）

天才市場顧問傑．亞伯拉罕（Jay Abraham）曾讓數以百計的公司起死回生，其中就包括我們。他曾經說過：「不管生活還是生意，不成長就得死。」

這是一個常被忽略的概念。只要你想繼續生活、繼續發展，即使你對生活和事業的現狀感到滿足，也不能停滯不前。競爭反倒會逼你成長，如果你不成長，就只有死路一條。

現代管理學之父彼得．杜拉克曾說過：「要不就努力工作，取代那些已過時的對手；要不就改進現有的商業模式、產品服務，不然你的競爭對手會逼著你這麼做，甚至取代你。」

生活也一樣。願意成長、願意尋覓新動力、願意爭取更高的目標，這些對你的幸福和生活都至關重要。和自然界一樣，人類的成功在於，如果停止成長，就要面臨死亡。

所以，不要把你的競爭對手當作壞事，他們不是！他們的存在能激勵你覺醒和成長。**大多數人把競爭視為麻煩，但實際上，競爭對手可以成為你最好的老師。**

首先，對手會犯錯，他們犯下的錯誤會讓你從中學到教訓！所以，你要時刻盯著他們的舉動。其次，他們也會想出新花樣，你同樣可以從中學習和成長，把他們最好但非專利的操作方式借鑒過來。

同樣你也要意識到，他們還可以幫你打廣告。大多數競爭對手都不會做非常有針對性的廣告，所以大部分廣告會讓人們對行業的主要理念產生認同，而不只是某一家公司。他們的廣告既會吸引顧客去他們那裡，也會到你們那裡！

你同樣可以學習其他城市裡同行的競爭。當你去其他城市的時候，看看當地的報紙、電話簿黃頁，甚至是網路，看看競爭對手之間的交流，他們能教會你很多東西。

在你的研究中，很重要的一點是一定要集中精力，避免產生對競爭的負面情緒。競爭總是能讓人變得更好，而不是更糟。內部競爭也是如此。作為銷售培訓師，我們通過自己的培訓經驗可以發現，對銷售團隊而言，提高銷量的最好方法是請回一個銷售明星，讓他加入團隊，成為銷售業績第一的人。接下來會發生什麼？每個人都會變得比從前更好。

所以，競爭總是好事情，它絕不會讓你無法收穫財富。雖然很多人認為，他們遇到麻煩的根本原因就是競爭太多。

韋恩·加羅韋（Wayne Calloway）在一九八六年到一九九六年間是百事公司（PepsiCo）主席。他說過：「沒有什麼比一個總是想把你徹底摧毀的競爭對手更能讓你專心一意了。」

有競爭對手，意謂著你的行業很有吸引力，讓很多從業者感興趣。如果某個新興行業裡只有你一人，甚至沒人聽說過你想提供的這項服務，那你就得努力了，努力讓顧客瞭解這一行存在的必要和他們雇用你的理由；但在一個有競爭對手的行業裡，你的競爭對手可以為你做這些事情。顧客才不會管你的服務理念是原創的還是借來的，他們只想得到最好的服務。

成功需要思維縝密的邏輯過程，衝動莽撞只會令你一敗塗地。最具破壞力、最沒必要的情感之一，就是把你的競爭對手想像得過分強大，結果把自己嚇倒。

只有競爭才能使遊戲繼續進行下去。相較於每天平淡枯燥的工作，人們玩遊戲時，往往會有更好的表現。競爭會給你的工作帶來令你脫胎換骨般的幫助，想想我們如何戰勝他們？我們如何提供更好的產品？這些都能變成樂趣而非威脅。

當你聽到有競爭對手加入時，最好的回應是：「讓他們放馬過來吧！」

028 給客戶體驗新產品、新服務的機會

財富就像幸福一樣，愈是追求，愈是得不到。它應該是提供了有用服務之後的副產品。

——美國汽車製造商與企業家 亨利・福特

在培訓的時候，我們要客戶做的第一件事就是停止投放廣告，停止大肆吹噓，停止建立關係網，停止四處遊說，停止「讓我出名」。

沒人會因為一封傳單而感動得熱淚盈眶，從此光顧傳單上的店鋪。大多數人為了讓自己家喻戶曉，浪費了太多精力在那些花錢又花時間的銷售活動中。這其實毫無必要。相反地，你只需要讓你的潛在用戶體驗到你的服務有多好就行了。

在一九四〇年代，成功的吸塵器銷售員們都會去郊區的主婦家裡拜訪，然後在地毯上撒一些非常髒的泥土。有時，他們和女主人一起坐在客廳裡聊天，然後突然往地毯上撒泥土！女主人會跳起來說：「哦，不！我真不敢相信，你竟然這麼做！」銷售員則會說：「我打賭，你覺得我不可能把它們弄乾淨。」然後他會去自己車裡把吸塵器拿出來，把地毯弄乾淨……比新的還要乾淨！在機器把自己的地毯弄乾淨後，那些有過體驗的主婦們就會真的想要那個產品。因

為她們體會過它有多好用了。

任何時候你都可以用更快的方式創造財富，而不僅僅是宣傳自己能做什麼；不要只發傳單、CD或者DVD給你的客戶，要尋找能夠讓顧客體驗到你產品的機會，這樣他們才會成為回頭客！

舉個例子來說，我們從不去某家餐廳，理由很可能是我們從來沒去過！人們只願意做他們習慣的事情，只做已經成功過的事情。有些人總去同樣一家店，即使那家的價格也許更貴，但他們習慣了那種體驗。他們不一定能得到最好的服務，但他們習慣了。他們常去，覺得這間店親切得就像自己家一樣。

讓人們有這個感覺非常重要，而這種感覺只能從體驗中得到，電子郵件或傳單都行不通。注意到有多少餐館和小店無人進出嗎？在家辦公的人也有類似的問題，坐在那兒等著生意上門，希望發出的電子郵件有回音，希望新網站能吸引到訪問者。但這些人根本不知道，人們不找他們做生意或者訪問他們的網站，只是因為他們從來沒嘗試過！店主們常常會被這個矛盾困住：我怎樣才能讓從沒跟我做過生意的人變成回頭客呢？

其實你真的可以做到，有無數種方法可以讓人們體驗你做的事，其中很大一部分都要求你能慷慨給予。**你必須要捨得付出，給客戶點甜頭，讓他們知道你能提供的體驗到底是什麼，然後愛上它，變成回頭客。**

在個人成長的領域裡，我們聽過最好的講座是拜倫·凱蒂的「九天學校」，討論該如何工作。雖然參加者需要繳納三千美元，但每一分錢都花得很值得，因為她的講座精彩至極，聽完後能讓你耳目一新。而最令人驚訝的是，如果願意，你完全可以免費得到所有這一切。凱蒂開設了兩個網站，你能在那裡免費下載到錄音檔、影片、採訪、文章、工作計畫表和其他那些「珍寶」，花上一整天都看不完。她把一切都給出來，而結果呢？自己算算吧，我們參加的那個培訓超過三百人，每人都要交三千美元，但人們還是願意報名去聽她的講座。大家去她那裡接受培訓正是因為他們已經體驗過凱蒂的方法了。

人們總以為如果你免費饋贈，就不能再靠它賺錢了。他們完全錯了，現實正好相反。當我們對客戶們說他們應該簽署一份無效退款承諾時，他們常常害怕那麼做，即使這麼做會讓人們更有信心體驗他們的服務。

「我在生意中已經做了將近十年的無效退款保證了，」山姆說：「我從來沒有後悔過，提供給客戶體驗的時候，你得盡量大方。人們不會占你便宜或欺負你。什麼『得寸進尺』之類的想法完全是自己嚇唬自己。如果你真的願意冒險，就跟客戶們說：『我們非常出色，如果你不滿意，我們就退款。』他們一定會愛上你的。但我們大多數的競爭對手都不敢那麼做，他們太害怕嘗試了。」

人們無法創造財富，往往是因為他們的恐懼阻礙了財富的到來。其中一個阻礙就是關於他們對待客戶的態度。我們總是能聽他們反覆提及那些不值得信任的客戶名字！他們總想著自己有多不喜歡這些客戶，但其實他們只是把自己的厭惡投射到了客戶身上而已，那簡直就是一場惡夢！當你不再把生意當作惡夢的時候，生意才能運轉得更好。

要讓財富源源不絕地流向你，唯一方法就是愛你的客戶，把客戶的需求看得比你自己還重

要。至少你可以假設你的客戶和你一樣好心且值得信任。當你無法這麼做時，問自己，他們為什麼不會那樣？他們為什麼不該那樣？我也是一名顧客，為什麼他們不可能像我一樣？

當諾德斯特龍百貨決定熱愛他們的顧客時，他們的舉動震驚了全世界。他們讓顧客隨心所欲，好像顧客就是值得信賴的朋友和家庭成員，到最後這些顧客真的變成那樣。二十個人裡面只會有一個糊塗蛋向你找碴，給你製造各種麻煩。但這個社會向來如此，轉身看看你的家，家庭成員裡不也總有一兩個是那樣嗎？

所以，不必在意這些為數不多的麻煩顧客，**高高興興地讓潛在客戶體驗你的全套服務，高高興興地給予他們你所能提供的一切，他們的體驗會成為長期的賣點，比任何銷售或市場策畫都還要有效**。

029 改變身體，就能改變思維

我得保持呼吸，如果做不到，那就會是我生意上犯的最大錯誤。

——美國喜劇演員 史提夫・馬丁（Steve Martin）

我們都知道，開放而富有創造性的頭腦更容易成功，得到穩定而充足氧氣的頭腦會蹦出更多的點子。身體健壯的人會精力更充沛，更富有創造力，思維能力也更強。與此同時，他們更快樂，打起交道來也更有趣。

英國維多利亞時代詩人伊莉莎白・巴雷特・白朗寧（Elizabeth Barrett Browning）的童年是在病榻上度過的。直到搬到義大利，她才重獲生機，成為那個時代最著名的女詩人，被人尊敬地稱為「白朗寧夫人」。她對人生的最後評價是：「呼吸最多的人，生命最豐富。」

如果人們能夠理解身體因素在成功中所起的作用，一定會大吃一驚。在休息時去散步、鍛鍊或進行某項運動，不僅不會像大多數人擔心的那樣阻礙成功，反而會更向成功邁進。

鮑比・費雪（Bobby Fischer）是當代美國唯一一個得過國際西洋棋冠軍的人。他擊敗了著名的前蘇聯名將波里斯・史帕斯基（Boris Spassky）。費雪和史帕斯基的西洋棋水準旗鼓相當，他曾說過戰勝史帕斯基的最主要原因，是他用游泳的方式準備比賽。這樣做讓他在比賽時腦中的氧氣儲備比史帕斯基更加充足。而史帕斯基是個煙槍，長得很胖，只把象棋當成智力遊戲，他覺得既然下棋只需要用腦子，又何必照顧自己的身體？

當人們真正懂得將身、心、靈三個成功的要素結合在一起時，財富才會更快到來。網路資訊巨頭麥特・弗瑞（Matt Furey）也許是美國運用身心靈協同作用獲得巨大財富的最好例子。麥特是位成功商業家，同時也是世界級的運動員，他是第一個贏得中國式摔角頭銜的美國人，也是全國美式摔角冠軍。現在，他在網路上幫助各年齡的人保持身材、創造財富。「相信我，」麥特說：「當你把身體運動和精神活動結合在一起時，就像天、地、人終於合一，未來將被你帶入當下，變成現實。」

保持身體健康，你的思維也會更敏捷。你會變得更樂觀開放，更善於傾聽，對自己的事業更加充滿熱情。你愈是頻繁鍛鍊、身體健康，你的身體循環系統就愈好。你的血液含氧量提高，可以容納更多的氧氣進入大腦。不管你的智商是多少，大腦中氧氣愈多，你就愈有創造力。生物學的研究成果可以為此佐證。

山姆記得很多年前他患有幽閉恐懼症，受不了狹窄的空間，他只要在電梯裡或飛機上就會感到恐懼。最後，是一位智者給了他一些建議：「控制你的身體比控制你的思維要容易。」結果，山姆學習了一些身體鍛鍊方式，讓他的大腦放鬆下來，恐懼症就這麼消失了。

有時候，你一整天都會覺得自己有很多工作要做，沒時間鍛鍊，也不可能現在就站起身去俱樂部裡健身，那會看起來很不負責任。你需要待在電腦前，狂灌咖啡，拚命完成工作！甚至有人試圖透過這種瘋狂工作的方式讓自己獲得安全感。但你真的需要安全感嗎？健康呢？

名演員皮爾斯．布洛斯南（Pierce Brosnan）最近說，近幾年他愈來愈高興失去了演龐德帶來的安全感。「當你在拍《斯蒂爾傳奇》（*Remington Steele*）這樣的電視劇，或是像龐德系列電影這樣的大製作時，你會易於滿足現狀，」他說：「能重獲對成功的饑渴，重新獲得那種進行精彩表演的渴望和需求的感覺真是好極了。」

布洛斯南本來可以讓他生活減速運轉。他可以像許多演員那樣，不停抱怨因為之前角色被定型為某一種演員的遭遇。他也可以抱怨年紀大一點就被「〇〇七龐德」這樣的偉大角色拋棄的不幸命運。但他沒有那樣做，他及時做出調整，就像跑車換檔一樣，換到了最能讓他充滿能量和冒險的那一檔。你完全可以也這樣做，把你自己調整到充滿更高能量和冒險的那一檔。你並沒有為此更換一個全新的引擎，只是換個檔位。

就在這個星期，我們的客戶羅伯特因為終日坐在他的電腦前對付麻煩顧客，而開始愈來愈對工作感到沮喪。他知道自己需要改變思考的角度，便起身出門散個步。他抬頭觀察樹上一個上班時就注意到的鳥巢，吹響口哨，直到有一隻小鳥從巢中探出鳥喙和眼睛來，小小的模樣惹人憐愛。羅伯特大笑出聲，隨後走回辦公室裡坐在電腦前，他感覺自己的狀態好多了。當他重新開始回覆郵件時，情緒輕快平穩，他的措辭也更深思熟慮，充滿同情。

剛剛在羅伯特身上發生了什麼事？我們需要注意到，羅伯特改變了他的思維方式。他試圖透過身體運動讓自己的情緒再度高漲起來。身體因素的確很重要，身心是一個有機整體。如果你的身體到了室外，你的內心也會做出相應的改變，你的呼吸會變得更加均勻有力。

一個身體上的改變能導致思維的改變。

甚至只要閉上雙眼深呼吸，都能改變你的思維。閉上雙眼能讓你的腦波從激動狀態變為有序的放鬆狀態，特別是如果你能閉上雙眼二十秒，就能想像出一個令人平靜的情景。

人的身體就是一輛跑車，關鍵在於你如何控制。有些人一輩子都在低檔運行，從未意識到自己其實可以加速，目睹自己在生活中遊刃有餘。當把這個比喻運用到生活中後，我們發現，很多人甚至根本不願意開手排車，他們寧願開自排車，讓車自己換檔。

他們的思維只會接受永恆不變的那一套，自動區分哪些是好消息，哪些是壞消息，然後自動換檔。這樣，如果你發現了「壞消息」，你的車就會為你自動減速換檔。你連想都不想，一聽到壞消息就自動變成壞情緒！你開始坐在桌子前焦慮地喘氣，像受驚嚇的小狗一樣急促地呼吸，思維混亂。

如果皮爾斯．布洛斯南也在自動檔上，那麼當他發現製作公司決定換個年輕的龐德，而他的電視劇《斯蒂爾傳奇》又被砍掉時，他的情緒就會變得很糟糕，自動轉換到糟糕的檔位。但他不是那麼做的。相反地，他提升了自己的情緒，尋求新的突破。而現在，他可以在各種不同的有趣角色中揮灑自如。

你我也都可以這麼做，只要我們決定這麼做。就像羅伯特那樣，走出室外，去看樹上的小鳥。只要從椅子上起身，伸個懶腰，走動一下，然後走出室外，大口呼吸新鮮空氣，仰起頭，看看那棵樹，跟那隻鳥對視一下，跟地球上的另一種生物四目相對，那就是改變！

聖雄甘地說：「人的身體就是迷你的宇宙，在你身體裡找不到的，不可能在宇宙裡找到……因此，如果我們完善對待自己身體的知識，我們就能瞭解宇宙。」

身體引領心靈。但我們總是弄錯，以為心靈像牽老狗一樣牽著身體，心靈讓身體每天早晨起床。轉變思維的其中一個祕密，就是你其實可以做相反的事情。身體可以引領心靈到更高的境界，就像羅伯特所做的。

你今天也可以做，去游個泳，或散個步，或和朋友打一場激烈的壁球。你的思維在那之後，將再也不會停留在同一個速度檔上了。

030 像成功企業家一樣思考

即使你還沒有獲得偉大的成功，也不妨吹個小牛，假裝你已經成功了。自信是最好的磁鐵，會吸引人們到你身邊，使你和他們的生活都更加愉悅。

——美國地產大亨　唐納．川普（Donald J. Trump）

如果你想學得像富有的企業家們一樣思考，其中一個方法就是向他們學習。研究他們，沉浸在他們的故事之中，欣賞他們，認同他們。

市面上有數不清的書在寫他們的成功之道。成功人士很樂意大方曬出他們的祕訣，為自己的成就備感驕傲。他們開了星巴克咖啡店，就會想讓全世界知道他們是怎麼辦到的；他們開了麥當勞速食店，也會想告訴所有人他們如何成功。很多書都繪聲繪影地描述過谷歌（Google）從一家不起眼小公司變成市值數百億美元的科技巨頭的經歷，亞馬遜也一樣。

透過網路和圖書館，你可以尋找到一些線索，找出成功企業家的共通之處。你不花分文就能抓住真相，因為這些人迫不及待地想要和人分享他們的企業策略。他們根本不會鬼鬼祟祟地掩藏，而是為自己的成功激動不已，非常樂意與所有人分享。

現實經驗告訴我們，五件生意裡有四件會因經營不善而倒閉，但那四個失敗者大概從來沒嘗試過與成功企業家的思維保持同步。大多數想賺錢卻失敗的人根本不會考慮這個。他們不會去瞭解那些美妙的點子，只會困守一處，然後跟另外四、五個生意下滑的人一起痛苦。而且，你也可以自然地發現和這些人週末小聚的都是失敗者，而不是你在網路或圖書館裡值得研究的成功人士。「企業家」的法文是 entrepreneur，意思是「進入並拿走」，進入此地，拿走一些東西。網路和圖書館裡關於財富的知識也正在邀請你「進入並拿走」。

山姆說他成功的事業和之前失敗的事業最大的不同是，當他的現金卡在雜貨店刷不出錢後，他讀了七百多本書。他饑渴地讀完弄到的每一本書，因為不想錯過任何可以致富的重點。你也可以這麼做，沒人會阻止你獲得這些知識，它們就這樣明顯地擺在你面前！一旦你消化了那些企業家的思維，馬上開始行動吧。成功分兩步驟，再簡單不過了。

第一步：決定你想要的。

第二步：依照那個決定行動。

描述行動最好的書是《世界最棒的推銷員》（*The Greatest Salesman in the World*），書上說：「我會現在行動，現在行動，現在行動。就這樣，我每天每小時都會重複這句話，直到它們變成像呼吸一樣自然的本能反應，接下來的行動就會像眨眼一樣輕鬆。這句話能讓我完成成功必須的每個行動。我會走那些失敗者不敢走的路，我會在失敗者休息時工作，我會現在行動，因為我只擁有當下。明天是留給懶惰者的，我不懶惰。明天是失敗者的藉口，如果我拖延，成功就會去找別人，會永遠遠離我。就在此時，就在此地，我就是成功者。」

031

先發制人的雇用法則

當你雇用的人比你更優秀時，就證明你比他們更聰明。

——加拿大政治家 R．H．格蘭特（R. H. Grant）

你帶著一個小團隊正嘗試創業，這時候有隊員決定離開，你需要補充新人迅速頂替他。你會怎麼做？

你會在報紙上登廣告，或者去網站發布招聘資訊嗎？那是最普通、平常、傳統的反應，人人都會這麼做。

但如果你這麼做，你就只會得到一批普通、平常、傳統的求職者，各方面都不算出色。而你非常清楚，真正偉大的人只要有一個，就能讓整個團隊蓬勃發展。

要是你用普通、平常、傳統的方式雇人，那你就只能得到普通、平常、傳統的員工。許多小生意經營者在我們輔導之後，都大大改變了自身的財運。其中一件我們教他們做的是在雇人時，提高招人門檻。我們讓客戶在一直進行、永不完結的招人行動中更富創造性和主動性，並且把員工當成他們最重要的財富。

這樣一來，他們就不會只在需要時徵才。他們不再去報紙上登廣告，或去求職網站發布資訊，僅為了填補某個職位空缺。這種招聘方式只是一種被動反應，基於需求，完全沒有任何創造力，更沒有主動性。

如果你希望你的團隊總是成功，你就得在雇人時先發制人。

在招聘中，你可以像做其他事情一樣充滿新意和靈感。

你肯定希望找到樂意與你共事的人，誰都不想雇用那些只把工作當成領薪水的人。那種人只會把你拉低到現在大部分團隊所在的那種平庸水準。

為什麼不讓與你有生意來往的朋友、夥伴都幫你看看有沒有合適的出色員工？你還可以讓熟人推薦雇員。這樣，你的客戶、供應商就會把出色的員工介紹給你，盡他們所能幫你組建一個全明星陣容。

如果你總是雇用和你一樣出色，甚至比你出色的人，你就會得到客戶與生意夥伴的尊重。

032 把樂觀情緒帶進公司

這個新世紀財富和資本的真正源泉不是物質，而是人的思維、精神、想像和我們對未來的憧憬。那才是自由社會的魔力所在。誰都可以繁榮進步，因為財富來自自身。

——美國《富比士》雜誌董事長兼總編輯　史蒂夫・富比士（Steve Forbes）

你的情緒能感染所有人，你的精神會在與你共事的人群間遊走。你希望他們更加開心快樂、樂觀向上、富有新意嗎？那全靠你和你帶入公司的情緒。

也許你覺得自己沮喪，是因為自己要擔心的太多。但你要意識到，擔心是沒用的，那只會放大你關注的問題。這是對人類想像力的浪費和誤用。就好像你祈禱得來了一樣你並不想要的東西，它不僅沒有起任何作用，而且讓你身邊的人壓力重重。

其實擔心完全是可以避免的。十八世紀印度學者及聖者寂天（Shantideva）說過：「如果問題能夠解決，哪有擔心的必要？如果不能解決，擔心又有何用？」

不管你領導的是一大組人還是一個人，首先確保你是真正的領導；不管你是夫妻開店還是大企業，首先確保你是真正的領導。之後，**努力讓你的領導風格帶有感染力。反正無論如何你**

都會感染其他人，所以提前意識到這一點，主動用你的情緒去感染他人。

為什麼你不能樂觀地走進辦公室，帶來各種生意興隆、方向明確的好消息？為什麼你不能談談要聘請的優秀員工和正在查看的新辦公大樓？你會開始注意到這點，並有意識地激發自己內心的樂觀情緒。你愈開心，你的員工也愈開心，你對顧客也愈開心、無擔憂、慷慨大方。

顧客會感受到商家的整體情緒。不論去哪裡，顧客總能發現那地方最基本的精神狀態。如果老闆自己滿懷憂慮，工作環境充滿負能量，顧客會感受到這一點，他們覺得不舒服，不願在那裡多待一分鐘，更別提花錢了。老闆的財富會開始萎縮。員工們也會因為老闆焦慮而焦慮，工作環境被沮喪的情緒占滿。他們不久就會開始幻想去其他地方工作；再過不久，老闆又有了雇人的壓力，壓力有增無減。

因此，如果你想對其他人的情緒有所期待，最重要的是你要首先調整出那種情緒。如果你希望你的員工和顧客輕鬆、快樂、慷慨，你自己就要先做到。如果不能做到，就不要去上班。索性帶著狗圍著湖散步，享受一下人生，直到你能體會到人生的快樂，然後再去工作。寧可九點半快樂地去上班，也不要七點半沮喪地去上班，讓壞情緒傳播給其他人。

我們曾與一個叫莫夫的公司老闆合作。莫夫總以為辦公室裡人人都尊敬他，因為他總是最早一個到辦公室。他希望公司的氛圍是自我犧牲，所以他每天都早早上班，好面對他擔心的所有問題。但莫夫一直都沒有得到財富，直到有一天他認識到自己該放鬆一下了。

如果你樂觀向上，就能以有感染力的方式領導手下，就像約翰·赫塞（John Hersey）在《創造有感染力的領導》（*Creating Contagious Leadership*）一書中描述的那樣：不寫演講稿，也沒有任務計畫，除了你自己的情緒之外什麼都不需要。

赫塞說：「真正的領導力在於我們是誰，而不是我們做了什麼。領導力懸在細細的樹枝上，既令人激動又恐懼。問題在於，大部分人都死死地抱住樹幹，花太多時間待在樹幹上面，卻完全不敢向前一步，爬向樹枝。令一個公司與眾不同的最好方式，就是敢於嘗試其他公司不敢做的：感染力領導工廠。」

033 工作時，拒絕親友的頻繁騷擾

宣告今天是「神聖之日」吧。除非你答應，否則不許任何人騷擾。照顧好你的個人需求，對其他人的要求親切而堅定地說不。

——美國電視節目主持人 歐普拉．溫芙蕾

不要讓親友在你工作時頻繁打擾你，或讓他們誤以為可以在任何時間對你隨意提出要求，就像嬰兒要求奶瓶一樣。這對他們沒好處，只會加強他們的依賴，讓他們更軟弱、驕縱。頻繁被打擾會讓你變得精神緊張，注意力不集中。家人不斷打電話只會阻礙你致富。這些事例太多，說都說不完。正常情況下，你當然希望他們能聯絡你。如果真有什麼問題，你會希望他們能放心地打電話給你。但我們有個叫拉蒙的朋友就因此完全失控。

我們正在傳授他有關辦公室小團隊的課程，而他總是要出去接電話。甚至有一次，他的妻子打電話來就只為了問拉蒙一個單字怎麼拼！他整天都被這種瑣碎的家事打擾工作進程，完全阻礙了他的致富計畫。

沒有什麼比完全不受打擾更能加快你的成功腳步。但很多人都像拉蒙一樣，根本不知道什麼才是「不受打擾」。

如果你有很好的致富計畫要實施，就不要再讓家人整天打擾你。你會允許員工這樣跟他們家人交流嗎？不可能吧？一整天的私人電話？當員工知道你妻子正在打電話問你狗糧的問題時，他們只會覺得不可思議，因為那可能改變他們任務的主題。

你完全可以處理好這些問題，只要讓家人知道除非是緊急事件，否則你希望能夠跟他們在其他時間交談，比如午休，並且設法不讓同事們聽到。

我們沒辦法告訴你們到底有多少生意人允許自己的伴侶隨時打擾他們。常常每隔一小時，他們的伴侶就會打電話來！而他會當著所有人的面接電話說：「不，我覺得今晚用綠色蠟燭沒問題。」或「你母親？我才不在乎你母親怎麼說！」就這樣持續下去、沒完沒了，員工們會覺得彆扭，並完全喪失工作情境。

記住，對你的員工而言，被迫聽到你的私生活、婚姻或者家庭內部的各項事務，總是會令他們很難堪。而你的伴侶會這麼做的唯一原因，就是你的態度讓她覺得這樣沒問題。

對家人和善但無私非常重要。只要一兩次就行，向朋友和家人解釋，如果你能把注意力完全集中在工作上會更快成功，但每當他們打擾你，你的財富就會減少。他們真希望那樣嗎？

你也可以這麼說：「當我跟你談話時，我想要專心一意地跟你說話，不想因為生意而分心，我想專注於你說的話。但在工作時，我只能用半個耳朵聽你說，無法專心，所以我不會那麼做。」你可以讓家人覺察到，比起不懂拒絕而讓他們隨時打擾你，專門分出時間和他們談話更能體現你的尊重。

記住，這個道理反過來也能成立。當你回到家中和家人在一起時，就要把全部心思放在他們身上。

山姆說：「我在家也會處理很多工作。家人都知道如果我關上門，就意謂著我需要專注工作。要是我想放下工作跟孩子們一起，陪他們玩，我就會停止工作。我絕不可能同時處理兩件不同的任務。很多人都以為自己可以同時做兩件事，實際上根本辦不到。最後只會把兩件事都搞砸！我曾下定決心，如果我要陪孩子們，就絕不想工作的事情。」

因為孩子們永遠也不會理解，為什麼當他們在你身旁時，你還要想著工作。他們只會覺得你寧願把注意力放在其他事情上面，也不願放在他們身上，而感到備受忽視和冷落。

我們曾培訓過一位叫艾頓的生意人，他說：「我的生意占據了我全部時間，我沒時間陪家人。」但是艾頓工作效率不高，所以我們給他一個任務，每週休息一天。這完全違背了艾頓的做事方式。因為他工作的地方總是充滿意外和混亂，毫無計畫可言。但他接受了挑戰。艾頓發現他真的可以四天做完五天的工作！他終於意識到，當他五天裡不斷接私人電話，或被捲入工作的各種混亂中時，他的工作效率其實一點都不高。艾頓震驚地發現，如果工作時只想著工作，「我就能在四天內做完五天內所有的事。」

我們喜歡用「假期前一天」來讓那些認為自己效率無法提高的人練習。當他們回想假期前一天時，他們會意識到那一天過得極為緊湊，效率非常高！他們沒時間理會閒聊或別的事，只是一項項專心完成任務。那一天他們能夠做完以往三天的工作！在假期之前，他們必須確保每件事都得到解決，因為他們會有一週不在辦公室。只要有人想用與工作無關的閒聊或八卦打擾他們，他們就會說：「等一等，因為明天休假，所以我必須現在解決一切。明天一早我就會坐飛機去馬薩特蘭，之後我不可能再處理工作。所以等我回來後，我們再聊吧。」而其他人會微笑著起身離開說：「好吧。」當人們知道自己馬上要度假，都會鐵面無私地開始珍惜時間。

所以高效能是完全可以做到的，每天都可以！

私生活和工作不能混為一談。一旦混淆，它就會消極地影響你的財富創造。所以多數大公司都會制定不讓近親共事的政策。有這種政策的理由就是他們曾經吃過虧，學到了家人會感情用事的教訓。家人之間長期的憎惡會像流感一樣傳染到工作的地方。家人不會像忠誠的員工們那樣為了追求共同的經濟目標而努力奮鬥，家人只會像努力解決家庭糾紛一樣，利用工作的幌子解決家庭問題，把羨慕和嫉妒作為每日的主題。當然，也有家族生意最後很繁盛的，但那些家族成員都非常遵守生意場的規矩，而且這些是例外。

如果你有家人為你工作，而唯一的原因是他們沒法在別處找到工作，你認為雇用他們是在幫他們的忙，那你其實沒有幫到他們。最終，不管是一年還是十年後，你會意識到還是該開除他們。而他們要是用那幾年的時間出去歷練，學會獨立，找到自己的路，一定會比因為認識你、為你工作過得更好。

所以最終，只有你對家人「鐵面無私」，財富才會湧向你和他們，而每個人都會感到幸福。

034 接受「行不通」，才會「行得通」

所有的偉大創新都源自於拒絕。

——法國小說家　路易・費迪南・塞林（Louis Ferdinand Celine）

當顧客對你說「不」時，那個時刻很有價值。這不是壞消息，因為現在你可以去弄清楚為什麼顧客會拒絕你的產品或服務了。

如果你真想瞭解顧客的需求，這個「不」的時刻就彌足珍貴。你會馬上得到真實可信的資訊。在此之前他們可能只是做做樣子。

大多數人會把拒絕當作感情受傷的藉口，但創造財富是個理性的邏輯過程。清除負面情緒，你就可以展翅翱翔；背負負面情緒，你就可能舉步維艱。

有人辭職就是個壞消息嗎？如果你懂得真正財富創造的運行方式，你就不會這麼想；你就會想認真地與那個員工進行離職談話，好讓你瞭解如何讓員工擁有更好的辦公環境。很多的偉大創新都源自於拒絕！

如果有人決定拒絕你提出的企業發展計畫，那麼你要做的是重新振作而不是自我封閉。因為，相較於被人接受，拒絕能讓你學到更多。

幾年前，史帝夫有個客戶叫迪克．托米，他是亞利桑那州立大學橄欖球隊總教練。史帝夫曾幫他的球隊拍招募短片。與托米共事時，史帝夫注意到他的不尋常之處，這位教練輸球時比贏球後看起來更開心。

「某天我問了他這個問題，」史帝夫回憶著：「我說：『教練，你輸球後比贏球更專注、樂觀，準備好迎接下週的比賽。贏球之後你的情緒反而令人擔憂。這是為什麼？』」

「然後托米說：『我來告訴你為什麼。我們要是輸了球，我會迫不及待地觀看錄影，就是想瞭解自己更多。等到下週練習時，我們可以更加努力改進，變成更好的球隊。但贏了球之後，我們就真的失去該怎麼做的標準了。我們開始覺得失落，無法在比賽中學到更多。贏球之後我作為教練的作用就沒那麼容易和激動人心了。雖然我更希望贏，但在輸球後，我的工作目標的確會更清晰。因為根據輸球顯示的結果，我和教練組知道該做什麼，也有機會朝著正確的方向改造這支球隊。』」

托米教練的絕妙態度適用於其他任何職業。**失敗是最好的老師，而成功只會讓你懈怠。**無論銷售的是什麼，產品、創造、點子或其他，對你來說最好的事情就是能盡快聽到別人說「不」。大多數人不理解，他們一生都在努力讓自己不被拒絕，他們認為被拒絕很痛苦。

試著改變那種態度！**走向前去尋覓拒絕，尋覓反對意見，不要猶豫，張開雙臂歡迎它，研究它。拒絕能教會你很多！**

一旦有人說你的點子行不通，那只是從反面讓你知道如何才能讓它行得通！翻個面就行了！湯瑪斯・愛迪生發明燈泡失敗了數千次，人們總是用這個例子說明堅持的重要性，而且是頑固而執拗的堅持。

但不僅是這樣，愛迪生並不認為他需要穿越重重失敗，因為對他而言，那不是失敗，每一次拒絕裡都充滿了資訊！是世界贈予他的絕妙回饋！「拒絕」，僅此而已。它只是簡單的資訊回饋，不能證明你成功，更不能說明你失敗。**你當然可以把「拒絕」理解成某種令人傷心的失敗，但你完全可以自行選擇去如何接受它！**

035

每天提一個無理要求

充滿錯誤的一生更令人肅然起敬，這比空虛的一生更有裨益。

——愛爾蘭劇作家 蕭伯納

每天至少提一個無理的要求，這對我們那些不管從事什麼職業都想創造出更多財富的客戶們來說，是一項很好的訓練。

就開口去要求一些重要的東西吧。

史帝夫還記得：「多年前有一天，我剛開始當作家，希望能得到兩百本我的樣書，因為我想到一個促銷的點子可以快速提升作品銷量。但那時即使有作者折扣，我也買不起那麼多。我坐在那兒反覆糾結，希望有兩百本書好讓我實現自己的想法。幸運的是，那時我正在進行這個練習：每天提一個無理的要求。於是我直接打電話給出版商提出：『我要求你免費寄給我兩百本書，我想做點能促進長期銷量的事。』令我吃驚的是，我的出版商說：『好，我們馬上寄，沒問題。』一週後，五個大箱子就放在我的門前，整整兩百本書！就因為我這樣要求了。」

有時，你可以打電話要求別人幫助你，而他們會立刻提供幫助。也許在做之前你自己腦子裡認為，這樣做可能有些無理，但之後，你和對方都會慶幸你那麼做。

偉大的劇作家蕭伯納因為寫出充滿力量的流行戲劇而變得富有，他總說我們生活的第一要義就是不能當窮人。他也說過：「講道理的人適應環境……不講理的人要求環境……所以，一切發展都靠不講理的人。」

如果你要延期付款，直接打電話跟人提！在電話裡向人家要求跳過兩個月，再繼續支付。記住，如果你被拒絕了，不要介意，因為那個要求本來就很無理。但你學會這麼做後，就會變得很容易，甚至可以從中找到樂趣。

最近，山姆向一個加拿大電視台導演提出要求，後者正在採訪山姆。山姆問導演，他是否可以擁有自己的電視劇。「現在不行。」導演說。但不管怎樣，他問了總是好的，因為不問永遠也不會知道答案；說不定他們正好那天就在考慮這個，於是回答：「你過來談談吧？」

關鍵在於，你要敢於去要求自己想要的東西。你會驚訝，有那麼多意外在等著你去發掘。

兩三年前，山姆必須去見某個房產商。他買了山姆一處房產，但很不幸合約出了問題。可是山姆必須當天拿到三十五萬五千美元，否則生意就做不成，還會失去那處房產。

「有些搞笑，」山姆說：「這個擁有連鎖健身俱樂部的傢伙說他需要兩週才能給錢。我說我必須當天拿到錢。他當時非常忙，於是我就坐在他辦公室裡。他問我要幹什麼，我告訴他，我拿到錢才會離開。」那天山姆離開的時候，手裡拿著三十五萬五千美元的支票。

人們總是很怕向別人提出要求，所以他們壓抑自己，不敢要求自己想要的。直到他們臨終時才意識到，其實他們可以要求一切。

036 大膽尋求別人幫助

我們完善自我以幫助他人，但我們也透過幫助他人來完善自我。
——西藏金剛乘比丘尼 佩瑪．丘卓（Pema Chodron）

尋求幫助是個矛盾的話題，它看上去是軟弱和投降的信號，實際上卻體現了你的堅強。不願尋求幫助，意謂著你更看重自己傳奇的形象，而不是致富的方式。

你傳奇的故事會向眾人說明你是如何堅強不需要任何幫助。你完全可以靠自己搞定一切，就像一位孤獨的強者在眾多弱小者中傲然挺立，受人敬仰。你用這種方式向這個世界證明著什麼，不管是什麼，你只是在自我證明。

但如果你更看重成功呢？如果你唯一的焦點在於如何創造大量的財富呢？你就會沒興趣書寫所謂的「英雄事蹟」，而去尋求幫助。

就像著名橄欖球四分衛佩頓．曼寧（Peyton Manning）有個四分衛教練，黑人功夫明星吉米．凱利（Jimmy Carrey）有個演技教練，而流行女歌手席琳．迪翁（Celine Dion）有個聲樂教練一樣。當你看重成功多過面子時，你就會找到人教你。

十七年前，當史帝夫從事廣告行銷工作時失去了工作前景，他感到自己失去了方向。「我正站在十字路口，職業生涯失去了焦點，」史帝夫回憶著：「我幾乎認為自己再也不可能在經濟上大有作為了，之後我認識了我現在的教練。」

他的教練是傳奇的史蒂夫．哈迪森（Steve Hardison），他建議史帝夫．錢德勒和他一起參加一個有關目標、溝通和認同的講座。「我們在那兒待了三天，那段時間裡我規畫了自己的整個未來，」史帝夫說：「當我走出去，驕傲地向哈迪森宣布我的五年計畫時，他大笑起來。」

哈迪森說：「五年？」

「那有問題嗎？成為眾所周知的講演家，要花很久才能把名氣打響。」

「在我的世界裡不是這樣的，」哈迪森說：「如果要我教你，我們現在就要開始做。我對未來沒興趣。」

果然不到一年時間，史帝夫．錢德勒就變成了全美國最受歡迎的主題演講人。一開始，史帝夫不相信自己已經準備好向世界推銷他的演講和著作。

「我沒有足夠的成功來讓觀眾們信服。」他告訴哈迪森。

哈迪森回答：「那就談談你的失敗，告訴他們真相。你會是圈內唯一一個這麼做的人，其他人都想讓自己看上去顯得更成功。」

「那我必須失去什麼？」

「什麼都不用！比起你可以成為的那個人，也就是真正的你，現在的你根本不算活躍。」

隨著年月的流逝，哈迪森就這樣成功地完成他強勁有力的指導，讓史帝夫獲得了長足的進步。每一次史帝夫以為自己在經濟上到達了頂峰時，他的教練就會把他帶向更高的層次。

「所以我才這麼相信教練，」史帝夫說：「因此也想自己當教練。我自己就是個活生生的例子，一個教練帶給我很大的改變。」

如今，社會上充斥著各種類型的教練，教授人們各種獲得成功、創造財富的技巧。山姆也曾經從最出色的教練那裡學到很多東西，他的教練之中還包括世界聞名的丹．甘迺迪（Dan Kennedy），他特別擅長將瀕臨破產的生意改造成搖錢樹。

如果你想找個教練，在周圍問問那些曾經請過教練的人。大多數教練在一開始會跟你談足夠長的時間，讓你對他們有個好印象。教練會看到被你忽視的東西，他們介入你的生意會立刻看到賺大錢的機會。他們還會看到你身上被忽略的潛能。

我們培訓的大部分人都只運用了他們百分之十的潛能，關於他們自己、周圍人和這個世界的負面看法像巨石一樣拖著他們下沉，讓他們無法奮力向前。當這些看法被消除之後，他們就能重新鼓起勇氣，繼續前進。好教練就能確保這一點。

大多數人每天花在創造財富上的努力少得可憐。事實上，他們做的大部分事情都只為了生存，為了在走衰運時讓自己不受傷害。

教練們能把你從那種保護性的姿態中解救出來，讓你有可能從宇宙中索取無限的財富。

037 只要優質客戶，拒絕麻煩客戶

不要忙於糊口卻沒辦法賺錢。

——美國國家廣告協會主席　喬・卡波（Joe Karbo）

絕對不要接受那些無法負擔你的服務卻又愛找人麻煩的客戶。不要僅因為需要就跟每個人談判。

當你賤賣自己時，那個低廉的價錢就會變成你真正的價值。當你的名聲傳出去，說你工作出色、要價又低，只會吸引愈來愈多只想出低價的人。你創造了自己完全不想要的結局，而你又太需要這些生意了，無法扭轉尷尬的局面。

如果你能夠嘗試拒絕這種生意，反而可以創造出更多財富。雖然這種感覺聽起來有點不大可能。但我們知道「感覺」在創造財富中扮演的角色。感覺是毒藥！為什麼不對那些試圖講低價的顧客說：「我很抱歉，現在不能跟您合作。也許將來，我們會幫到您。」

你應該開始塑造你自己的價值，從長遠來看，那會很有效果。因為那些被你拒絕的人要不就拿著足夠的錢回來找你，要不就告訴別人你的價錢，然後又有很多人因為你的價錢而紛紛找

來。雖然聽起來很好笑，但人們總是習慣把價錢和價值聯繫在一起。

史帝夫曾試圖簽下一筆報酬非常可觀的公司培訓合約，但最後一刻他被拒絕了。令人吃驚的是，他遭到拒絕的原因居然是開價太低！本來打算雇請他的那個公司老闆對一個他們共同的朋友說：「開價那麼低的人絕不可能像我們想像的那麼出色。他一定有我們不知道的問題。」

史帝夫後來回憶說：「是的，我的確有問題。因為我認為自己需要那筆生意！我去他的辦公室，坐在那裡想著我需要他比他需要我多。這就是我的問題。」

史帝夫是幸運的，因為他知道了自己被拒絕的原因。但有多少類似的事情發生了，而我們毫不知情？拒絕生意其實是件好事，並不是不負責任的推託。

大多數人的人生哲學是：「絕不拒絕金錢。」金錢是如此稀有、如此珍貴，如果它有機會來到門前，都應該說「是」。他們以為這就是自己唯一該做的。很多生意人和銷售員都把自己當成政府或慈善機構，必須接受每一個客戶，不能拒絕，就因為他們是客戶。**但事實是，你並不需要照顧到每一個客戶，你只需要優質客戶就足夠了。而好客戶之中最首要的就是讓你有利可圖的客戶。**

「我們會用數量來補償它」是種錯誤的想法，「我們絕不能比別人高價」也同樣錯誤。因為要是有一個瀕臨破產的公司比你賣得還要便宜，你該怎麼辦？所以，你也可以讓自己的開價比別的人高。

「我不指望人人開價都低過我，」山姆說：「但我只想提供最好的價值，成為最昂貴的服務商。當我教客戶們提高報價時，他們會擔心一旦提出就失去顧客，從而失去生意。但那樣的狀況從未發生過，他們失去的只是最讓他們頭疼的客戶。自從他們努力讓產品更有價值後，他們反而得到了更多生意。」

當山姆說他總是提供「最好的價值」的時候，他是認真的。很多經營顧問和山姆一樣把電話講座的價格定得很貴，但要是小組中有一個人錯過了電話，那只好自認倒楣。山姆則確保每一個電話講座都被錄音，並做成ＣＤ寄給所有人。所以，即使那些錯過電話的人也可以聽到，而在電話講座中「在場」的人也能隨時重聽講座。這就是他加入其中的諸多價值之一，他還會不斷尋找更多的價值。

他愛最昂貴的，就像他熱衷於提供最多價值一樣。

038

抓住當下，馬上行動

困境中總孕育著機會。

——美國物理學家　阿爾伯特·愛因斯坦（Albert Einstein）

童話故事和電影會點燃我們的幻想，就像我們在童年時期會許願，期待一切會朝積極的方向發展。它們好像卡通小蟋蟀吉姆尼（Jiminy Cricket），終日高聲吟唱著所有人最美好的一面。但當我們步入成年後，一切都改變了。只要想到未來，我們就覺得壓力陡增；對未來的過分期許使我們寸步難行。我們害怕嘗試，更害怕行動。但實際上，**真正的行動可以解決我們所有的難題。因為一旦我們行動起來，世界就會隨之改變。擔憂過去或未來的雜念全都消失，大腦因氧氣充足而高速運轉。希望之光照亮前景，我們的生活重新展現生機勃勃的景象。**

心理治療師布拉德·布蘭頓醫生（Dr. Brad Blanton）曾經發現，「許願是一種讓自身遠離當下的方式，希望則讓我們大多數人都避免長大。」

山姆以前有段時間窮困潦倒，癱坐在他加拿大家中的沙發上看電視。電視上報導了一個有關剛發行的兩元硬幣的故事。整個加拿大都碰到了大麻煩，因為收銀機只認紙鈔。收銀員們總是要大費周章地把硬幣從收銀機裡拿出來，因為它們會卡在角落。

山姆看著電視裡這個真實故事，這時突然專注了起來。電視播報員說：「我們找到一個人決定幫助所有人解決新硬幣的問題。」有一個年輕人發明了一個可以放入任何收銀機裡的轉換器，把紙鈔盒變成硬幣盒。只是個小塑膠插口，但好用極了！山姆的第一個反應是：「哦，天哪！為什麼我沒有想到那個？」然後，電視裡說這個裝置搞定了數以千計的收銀機。

山姆四處查了查，打電話給電視台，順利拿到了對方的電話並弄清怎麼批發這種插口。但山姆那時一窮二白，連信用卡帳單都付不起，所以必須想些有創意的點子，買幾箱這種接受硬幣的收銀機插口。山姆去不同的商場和零售商店推銷插口。不久之後，他每天透過幫別人改裝收銀機賺到六百多美元。

可能有幾萬人同時看到了那個報導，而那些人也需要錢，但他們從未想過行動。他們只是貸款租個關於夢想的影片，讓自己坐在沙發上大做白日夢，希望人生有所不同。他們根本沒有讓自己進入當前這一刻，更不用說抓住它了。他們沒有意識到，這個世界處處都有機會，機會總是試圖讓我們注意到它。只有當你的大腦進入了當下這一刻，你才能看得到它。總在幻想的大腦絕不會發現此時此地的機會。

有兩句話總結了這一點。一個是出色的自我意識研究專家、心理學專家納撒尼爾．布蘭登曾說：「沒有行動計畫的目標就是白日夢。」

另一個是成功學大師聖法蘭西斯（St. Francis），他對成功做出了最簡單的指導：「從必須要做的開始，然後做可能做到的，突然間，你會開始做看似不可能的事。」

039 開會，開會，開更多的會

不要以收穫衡量每一天，要以你撒下的種子來衡量。
——英國小說家 羅伯特·路易斯·史蒂文生（Robert Louis Stevenson）

開會總讓人覺得無聊，每個人都覺得自己的團隊不需要這麼多會議。但真正的問題其實是人們開會次數不夠，會議交流得也不夠多。很多公司都要過很久才開一次會，那時人人都會用積存了很久的無聊內容讓會議枯燥乏味，讓在座的人昏昏欲睡。

讓你的會議新鮮而活躍的竅門是要經常開會，讓每個會議都沒有特別的議程。有趣的好會議愈多，你的小組會愈出色。因為你提升了組織的溝通和動力，讓組員充滿鬥志。每個人都能更容易理解其他人，變得更像團隊，就不會結成「我的部門對你的部門」的小團體。

處於發展期的公司會開很多短暫、有趣的會議來讓大家增進瞭解，大家就碰個面，然後直接跳回工作中。

我們認識並輔導過每天一大早都聚在一起開會的團隊。他們早上會集合起來，有時甚至下午再碰一次回顧自己的工作：做得怎麼樣？明天怎麼做才會更好？這些團隊總是生機勃勃。

如果想讓會議變得令人激動、又有用又有趣，就讓不同的人來主持，在公司內培養領袖。沒必要總用同一個人，應該把領導權分散到整個公司，讓每個人都有機會得到鍛鍊。

把這些會議當成是橄欖球隊，圍成一圈精神喊話：「我們就是要這麼做，我們要朝這個方向前進！」

大多數公司在進攻前從不集結。沒人開口或插嘴說些極妙的點子，或談論觀察到的事實。他們只會每次連續幾個星期都臨場發揮，緊急突擊，然後再經歷一場漫長而枯燥的會議。橄欖球員們每場比賽前都會圍成一圈，那可是有原因的。

另一種你需要經常開的會，我們稱為「全景」會議。在這種會議中，每個人都會瞭解公司運作進程中的每一個點，在此前提下討論工作的意義、個人的目標、公司的願景等等話題。大多數公司都要等一個年度才會開這個會，但它是如此重要，根本不該等那麼久才開。

如果你和生意夥伴一起工作，你們就該經常碰頭討論「財富創造」這個核心問題。大多數人都對這個話題視而不見，他們只碰頭研究已經存在的問題。過不了多久，他們就會變成一組解決問題的人，而非創造財富的人。

把財富當成會議的議題：我們的這場商業冒險該如何擴張、成功，變得更有創意？

如果你獨自做生意，就像今天的許多人一樣，那請不要忽略你的會議！**和團隊集合的目標一樣，你也要跟自己開會，讓你的顯意識和潛意識的思維相互「瞭解」，讓你的左腦與右腦握手，和諧交匯，共同邁向財富之路。**

040 獨處產生點子

只有獨居時，我們才會真正獨自一人。

——英國詩人　拜倫（Lord Byron）

存在主義心理學家羅洛・梅（Rollo May）曾說過：「人類的一大極具諷刺性的習慣，就是在迷失方向時跑得更快。」

在當今資訊爆炸的時代，你有無窮無盡的機會去接受資訊。人類甚至可以創造一個完全由外部信息回饋組成的人生。因為人類正在被信息轟炸。

但輸出呢？它是輸入的回饋，還是真正的創意？偉大的商業大師湯姆・彼得斯喜歡讓聽眾對自己「瘋狂而偉大」的創新想法持開放的態度，但是如果你拒絕，創新絕不會發生。

大多數人就像曲棍球員，整天忙著「打走」那些資訊。所以，專門創造一個個人資訊系統來抵制這種現象顯得很重要。花點時間扔掉筆記本，摘掉應對外界的面具，安靜思考一下。

尤瑞是一個私人教練，他告訴我們：「我最好的主意都是在洗三溫暖時想出來的。我不知道為什麼，甚至有時我會在度假時想到好點子！為什麼工作時我想不出這些？」

尤瑞沒有意識到，這種現象之所以發生，是因為三溫暖和度假是他唯一讓自己真正獨處，並讓所有想法浮出水面的時間。如果他有勇氣花更多時間獨處，他會想出更多好點子。

因此，很重要的一點是教尤瑞學會拒絕過多交流的人生，留出空間給沉默和創造力，甚至嘗試與世隔絕。我們鼓勵他藏起來。一旦他掌握了訣竅，他顯得高興極了。

你也可以這樣做。

你最好的點子會在沉默中出現。所以你必須學會獨坐，學習如何創造性地思考問題。不要電腦、不要電視，因為這些東西只會把你的注意力從創造性思維中分散出去，破壞你的致富之路。生活中，它們有自己的角色，但靜默更重要。

人們應該多留出些空間讓好點子自由產生，這樣才能在任何層面都創造出財富。即使你現在只是個找工作的年輕人，也可以運用靜默，出去散散步，就你和小鳥、清風，好點子或許會自然顯現。

財富的最好源泉之一，就是你的潛意識。但它需要時間和空間才能表達出去。潛意識掌握了你創造財富所需的一切，並隨時準備說明你。但如果你成天都只有資訊輸入而沒有休息時間，它就沒辦法幫你了。那樣的思維空間太嘈雜，而我們現在就生活在一個嘈雜的世界裡。以前，你還可以在機場裡等候飛機起飛時放鬆，集中你的注意力，專注於你的想法。但現在沒地方能讓你躲過手機鈴聲和CNN在你耳邊的「合奏」。這是個不斷變得更喧囂的世界，所以靜默才會顯得如此稀有和寶貴。好好利用靜默，你就會有一個別人不曾擁有的祕密武器，你會用上其他人都忽略掉的那一半潛能。

如果你已經有了自己的小生意，靜默對你更加重要。因為對大多數人來說，牢牢抓住每一天，面對那些似乎急於求得你關注的人和事，實在太有誘惑力了。如果你感到自己的情緒正在脫離自己的控制，記住用理智平衡它。先離開，像個懶漢一樣在公園長凳上坐一下午，讓解決辦法自然出現，然後寫下來。不要帶手機，把它留在你車裡。

你為創造財富能做的最健康的事情就是獨處，不去擔心任何事，冥想，記筆記，遠離分散注意力的東西。

我們教過做小生意的人精心設計他們的生活，減少做生意的時間。他們的生意總能因此獲益良多。

很多時候他們會問我們：「我怎麼才能做完更多的事？」

我們會回答：「你在公司裡有辦公室嗎？」

「有。」

「不要去你的辦公室！」

「那我該去哪兒？」

「有個創造高效能的祕密地點，叫圖書館。在那裡，你不能用手機，沒人跟你聊天，這是現代人利用得最不充分的商業工具了。圖書館很完美，他們有小隔間，很安靜，你可以在那裡得到很多資源。即使是在圖書館不同的書架間閒逛，隨處看看，你也能想出很多點子來。就讓你的思維自由飛翔，它會令你感到驚奇。」

山姆可以想出很多賺錢點子，而他最好的策略都和他的狗「巴斯特」有關。很可惜，牠幾年前死了。山姆把巴斯特稱作「價值百萬的狗」，他每天都會遛牠三次！

「和巴斯特一起散步時，我會想到很棒的想法。當時我正接受培訓，其中一個練習是我得寫下每天如何利用時間。我寫了『遛三次狗』，一次在早上，一次中午或下午，一次在傍晚，看上去像浪費時間，但其實那是我每天做過最有效率的事，就是遛狗！」

微軟的億萬富翁比爾・蓋茲每年都會休息一個月用來「思考」。那樣有效率嗎？四百億美元的個人財產證明的確有效率。這個習慣值得我們注意，一個月什麼都不做，但比爾・蓋茲的創造力在「休息」的那個月比任何時候都要多得多。

你獨處的時間也能為你帶來同樣的收益。四百億美元？不要覺得那是天方夜譚。

041 敢於開口要求高價

我們創造的世界是人類思維的產物，只有改變思維方式，才能改變世界。

——美國物理學家 阿爾伯特・愛因斯坦

史帝夫回想起他早期當公眾演說家的日子，當時他完全不確定人們是否想聽他演講，更不用說付錢給他了。所以他在俱樂部、商務早餐會、職業女性團體、院系集會等任何能演講的地方免費演講。終於，人們開始在聽完演講後找他說：「我很喜歡你今天的演講。我想請你到我公司去演講，你要收多少錢？」史帝夫會說：「三百美元。」他們回答：「太好了！」不久之後，史帝夫就開始說：「九百美元。」而他們回答：「太好了！」再過不久，他開始說：「兩千美元。」而他們會說：「太棒了。」

史帝夫回憶著：「並不是我忽然變得比以前好這麼多，其實只是我敢說出那個價格罷了，不管自己值不值那個價。」

史帝夫回憶著：「我也有過陰暗的想法，擔心自己不值這個價錢，後來我才發現只要你敢開出那個價錢就足夠了，他們可以自行決定要不要付。一旦他們決定付錢，你就讓自己值得那個價錢了。」

在他免費講演兩年半之後，他的培訓公司每天都能從史帝夫給五百大企業的領導演講中獲得四萬美元的收益。

不管你信不信，唐納．川普在建立自己的地產帝國時，手頭上並沒有太多錢，但他有一種別人沒有的能力，就是敢做夢。現在他在商科學校教年輕人，他時常對學生說：「既然你總是要想，不妨想得大一點。」

042 關注眼前的現實計畫

我們只擁有當下，它像星星一樣在我們手中閃爍……像雪花一樣融化。讓我們在來不及前抓緊利用它。

——心理學作家 瑪麗·貝農（Marie Beynon）

我們為個人和公司提供培訓。每次培訓的開頭，當學員們說發展不順利時，我們都能注意到他們的思緒要不是在未來，就是在過去。如果他們希望事情變好，說明他們的腦子在未來；如果他們後悔曾經的決定，說明他們的腦子在過去。他們在思考過去的事，也許希望從頭來過，也許希望自己沒雇某個員工，也許希望沒買某個電腦程式。

想要成功很重要的一點是，當你已經確定了行動計畫後，你要學會離開未來；當你在有不同答案的難題中做出了選擇，你就要學會離開過去。

這兩種練習能讓你投入一切，來做自己現在決定做的事情。時不時看一眼未來，想想你的理想，看看你的目標，完全沒問題。但只能看一眼，不要停留在未來！不然你會開始害怕。因為事實上未來並不存在，生活在一個不存在的地方很恐怖，但大多數人都這樣做，留在未來。

參考你的未來計畫，就像在握緊方向盤飛行之前最後看一眼地圖。不是要活在未來中，地圖不是真正的土地，就像菜單也不是真正的料理。你的計畫之所以得以存在，只是為了短暫提醒你將要做什麼，好讓你立刻回到當下。

你能把眼前的工作，尤其是此刻正在眼前這件事做得愈出色，你就能愈快成功。一切成功都發生在當下。不在未來，也不在過去，只在當下。

如果你能跟正在聊天的對象溝通良好，你的財富就會增長很快，因為那個人會把跟你交流的體驗帶給其他人，是你的存在而不是你的未來讓別人印象深刻。

禪師們說，真正的大師在洗地板時洗地板，在躺吊床時躺吊床。不能在洗地板時想，要是能躺在吊床上就好了；也不能躺在吊床上想，噢不，得去洗地板了。你應該學會只做眼前這一件事。但對於自我中心又不知滿足的現代人來說，也許需要一輩子待在寺廟裡才能學會這樣子去做，或者你也可以現在就學。

當你糾結於過去，只會使自己產生後悔和厭惡的情感，這些情感會把你帶入功能錯亂的情緒和狀態中。在那樣的情緒下，不可能創造出任何的偉大。而當你整天想著未來，你會被擔憂、冒失的願望和暗黑的恐懼填塞，甚至眼前的東西也會被忽略或被恐懼占據。人們會遠離你，想著：「我對那人印象不深，我沒有信心他能帶來我想要的東西。」

你愈是能活在當下，你的未來就愈光明；你愈是能活在當下，你的過去就愈不會傷害你。

所以一旦選擇你的活動，就投身進去，集中注意力，把大量的創造力和激情帶入活動中，活在當下！

043 捨得支付高價，反而賺更多

第二等的努力就是第一等的錯誤。

——美國作家 威廉・亞瑟・沃德（William Arthur Ward）

有段時間山姆沉迷於優惠券中，他會花很多時間查閱優惠資訊，哪怕折扣只有一點點。「我想賺高價，但只想付最少的錢，」他說：「現在我明白了，賺高價、花高價更好。所以我不在乎花更多錢了。當我和生意場上的人談判時，我不會嘗試把價格壓到最低，我會說：『聽著，這筆生意要讓我們兩方都有賺，我不希望你給我一個自己都不能接受且賺不到利潤的價格。我不指望你不賺錢，但我自己肯定不能不賺錢。』」

想要吸引更多的財富，你就要希望跟你打交道的人都能拿到好報酬。如果你不去四處占人便宜，未來就會公平地回報你。

如果你有個客戶不逼著你壓到最低價，你就會很喜歡那個客戶，你會珍惜和他們做生意的機會。未來，如果你能為他們做點什麼，你就會那樣去做。假設你有兩項工作快到期了，一個是逼你壓價到最低的，另一個則能讓你賺到利潤，你會選擇哪一個？

因此，從心理上說，你也不該壓別人的價，花高價能讓你更自由。錢財的流動和心理因素非常有關。一旦你開始支付高價，你收高價也會變得更心安理得。如果你想「收很高的價」但又不願付高價，那情況就會變得複雜。

史帝夫最近受邀去一個公司做活動演講，我們姑且叫那個公司的老闆萊斯特吧。討價還價一開始，萊斯特就試圖降低演講費用並延長演講時間，史帝夫為了顯示自己良好的合作意願，就根據萊斯特的要求做了小調整，但他還是注意到一些不對勁的地方。

「就是他那種討價還價的調調，」史帝夫回憶著：「萊斯特很不安，疑心病很重，就像我打算擊垮他一樣。當我向他的副主席談起這個問題時，他說萊斯特對每一個人都這樣，他非常斤斤計較。」

萊斯特很典型，現在有很多這樣的「萊斯特」存在我們的生活中，他們都過於害怕失去錢財。他們會跟每個想賺錢的人鬥爭。只要一讓他們花錢，他們就覺得自己的男子漢氣概或者生存權利被威脅了。最終，他們用憤怒和恐懼毀掉了自己辛苦建立的人際關係。

史帝夫最終沒有去萊斯特的公司演講。他們找了一個替代者，一個能給萊斯特超大折扣的人。萊斯特後來形容那人講了一場「員工們不得不忍受的最枯燥乏味的演講」。萊斯特甚至想要對方把錢還回來。

史帝夫後來說，如果萊斯特願意出原來的價錢，他仍願意為萊斯特的公司多做一點事。「當我和他共進午餐後，我看到了很多可以改進他銷售的地方，」史帝夫說：「我本來很期待能幫到他們，但在他神經兮兮地計較錢的多少後，我就知道我們話不投機。」

那些因為缺乏錢財而害怕緊張的人，不會獲得財富。

《聖經》裡說過：「凡有的，還要加給他，叫他有餘；凡沒有的，連他所有的，也要奪去。」

看看萊斯特被剝奪了什麼：一個能讓他奄奄一息的銷售項目徹底翻身的機會。

山姆喜歡在出席他的商業成功研討會時穿最好的西裝，開漂亮的跑車。那不是他虛榮心作祟，他只是想讓客戶們看到這個繁榮的景象，一個山姆準備帶他們去的可預見的未來。

「如果他們出了高價請我，看到我開好車，穿好衣服，或是我剛從法國南部飛回來，他們會更願意出高價。因為他們會認為我就是富裕階層的代表，就是那樣的人。頭等的生活方式會對你的客戶產生很大的影響。他們非常熱衷於此。當然，你也不會想扮演那種打折貨的角色，這樣你的客戶們才會感覺良好，堅信他們找到了最好、最合適的人。」

人們不想和看上去馬上就要倒閉的公司做生意，你也不會想聽看起來無法養活自己的人的建議。你不會想感受內疚，只希望自己的錢能換來滿意的結果。所以你會想把錢花在能保證結果的人身上。**形象很重要，因為它能保證你與客戶之間溝通流暢。**

山姆一開始做的是小生意，他租了個地方教兒童音樂舞蹈課程。在他生意愈來愈壯大後，他開始買地承包建築。他發現只有三個名額可以給不同公司競價，而一般的觀點總是說選用競價最低的那個。表面上很有道理，如果不是必要，何必多花錢呢？

一個建築承包商不顧一切地想拿到山姆的合約，因為他已經有一段時間沒工作了，因此他出了很低的價錢以保證拿到合約。他開始替山姆規畫，但在三個星期後，當他們本來安排好開始施工時，承包商接到一個自己朋友的電話說：「嘿，我有個案子，修一個新賓館，價格很不錯，你想來嗎？」

「噢，我已經接了一個叫山姆．貝克福的案子，不過老實告訴你，這案子我一分錢都賺不到，所以我決定不幹了，誰在乎啊？我跟你一起去修賓館！」

就這樣，因為只付最低價，山姆的一個月就白白浪費了。

「我現在完全不會害怕花最多的錢，」山姆說：「付最低價的代價太大了。」

044 把生活當作創造財富的練習

幸福不是終點，而是旅程。

——英國詩人　塞繆爾・詹森（Samuel Johnson）

曾有人問過球王比利（Pele），當他忙於在全世界旅行和推廣足球時，如何抽空練習？他微笑著回答：「一切都是練習。」之後，他解釋了這句話：他走上飛機的方式，對待空姐的方式，對付飛機顛簸產生焦慮的方式，還有他取行李時的注意力走向。

在比利看來，做所有事情的精確程度和在做這些小事時的能量消耗都是練習。生活給予我們極好的機會練習，然而大部分人卻把它當成毫無價值的時光白白浪費。這就是比利聞名於世，而那些人沒有的原因。

如果你碰到正在生氣的客戶，如果你和生意搭檔產生了矛盾，或是碰到任何你不希望發生的事情，你都可以在腦海裡重新構思一下，並把這些事當成是一種練習。

如果你有一個棘手的家庭問題，或是某個遠房親戚要你幫他們解決某項個人問題的話，這些都能成為很好的練習。

如果你把杯子摔到地上弄得一地碎片，那只不過是另一種特殊卻有用的練習。如果你被堵在路上，這還是一種練習。

你可以把你所做的每件事都調整出真正符合自己的「節奏」。

同理，任何事情都能被你轉變成創造財富的練習。

山姆說：「每次我在銀行排隊時，我都會想，這就是耐心的練習。我是被它惹怒，然後發瘋似地衝到櫃檯前失控抱怨工作人員太少，還是把它當成能夠堅定我的決心、教會我從內心而非外部環境中尋覓寧靜的練習？」

雞毛蒜皮的小麻煩是研究人們為什麼會憤怒的最好機會。大多數人都會讓銀行裡的排隊人龍變成他惱怒的原因，但練習能使你觀察到根本原因，其實讓你憤怒的，是自己的思維。

練習能讓你試著思考：「這是多好的地方啊，能讓我們冷靜下來不發狂。我就那樣平靜地站在這裡讓自己充電，不用去其他地方，也不用像以前那樣因為這條人龍而怒氣沖天。」

你可以用世上任何一件事情來練習。那會讓你更理性，並隨時進行調整，使自己成為情感能量的真正泉源。

這裡是兩個練習藝術大師的話，邁克．墨菲（Michael Murphy）和喬治．隆納德（George Leonard）在《我們被賜予的生命》（*The Life We Are Given*）一書中說：

練習你的身體習慣；

練習優雅的交流；

練習做計畫；
練習冥想；
練習為他人提供超凡的服務；
練習你的職業魔法。

他們還說：「如果你能夠明智地追尋練習，它就會不斷回報你；如果你不沉溺於它的結果，它就會把我們變成優雅的個體，並招來我們不曾想過的財富。在這裡，練習總是看上去顯得很矛盾，例如，練習需要花時間，而它又常賦予我們更多時間；它會讓時間逐漸慢下來，讓我們擁抱自己爭取來的永恆這一刻。它需要我們的犧牲，但它通常給予的更多。當在它的要求下，我們改變現有的顧慮時，它們讓我們能接受新的愛、新的見解、新的能量；我們所喪失的，會被新的快樂、美麗和力量取代。它需要努力，但會讓我們減少付出。它要求投入，但最終會變得像是自覺自願；它需要堅持的意志，但過不了多久就會變成本能；它雖然常常很難開始，但最終會變得無法停下。」

財富只會流向內心強大且舉止優雅的人，流向那些學會掌控生命中每一秒鐘的人，而不會流向那些有「糟糕的日子」且終日憂心忡忡的人。**你可以讓生命的能量發生轉換，讓它更利於你創造財富。只要你把一切事情都當作練習。**

045 主動回應，而非被動應付

你要不就讓自己的人生成功，否則就不會成功。

——美國心理學家 納撒尼爾．布蘭登

很多生活不成功的人會聯繫我們，希望得到輔導，希望自己的生活能獲得成功。但他們不明白，為什麼自己不能成功。當我們問他們覺得問題出在哪裡時，我們聽到大部分人都會把責任歸咎於別人，或者自己只是承擔一小部分。是別人讓他們失望、不爽，或是讓他們受到驚嚇。我們立刻就知道他們為什麼不能成功了：他們想不斷贏得別人的肯定。

充滿期望的人生註定失望，試圖贏得別人肯定的人生充滿恐懼和疲憊。財富是一種創造而不是應付，所以只有學會不再應付別人，你才能增強學習的能力，讓財富創造更加順暢。

需要弄清楚的是，不是你的生活不成功，而是你自己不成功。但這是我們可以聽到的最好的消息：**你不用改變世界來讓你的人生成功，你只需要改變自己就可以了。你只要學會積極回應而不是被動應付**。

當達賴喇嘛被問到，是否對中國將他從西藏趕走一事趕到生氣，他回答：「我為何要把心思放在他們身上呢？」有些人認為達賴喇嘛的回答意義深遠，他們認為他能這樣說是因為他高人一等的心靈修為。

但他這樣的回應我們也都做得到。我們只要學會去回應而不是反抗。你可以主動回應其他人，只要運用兩個要素——創造和目的；你也可以用反抗的態度，這包含充滿挑釁意味的動物本性。你要是逗弄一隻動物，牠就會有所反抗，但那完全是感情用事。

很多人會像動物一樣反抗問題。他們將自己降低到這種低層次的自動防禦習慣中，形成條件反射。他們要是收到老闆的郵件，就會開始反彈，身體開始起化學反應，憤怒地回答脫口而出，就連其他隔間裡的人都能聽到他們的不滿。有些人把他們最無意識的條件反射帶回家，伴侶說一句話，他們就會馬上反彈；孩子掉了一塊餅乾在地毯上，他們也會憤怒不已。他們就是準備好隨時隨地等著對某事作出反應。

我們希望的另一種生活方式要明智得多、快樂得多，但它需要你轉變思維方式。從應付的低檔換到更順暢的高檔——主動回應。

如果你收到一封憤怒的郵件，也許很想用傷人的言辭來應對。你這樣做當然沒錯，那封郵件對你極不公平，但那只是反彈，就連動物也懂得那麼做。你只想成為一個「刺激－反應」的機器嗎？不，你可以變得更有創意。

不要只是應付那封郵件，要按照自己希望的發展方向來維護這段合作關係，做出主動回應。從長遠的角度看，如果你和這個人的合作關係不斷發展，而不是衝突不斷或彼此看對方很不爽，這樣不是對你的財富增長更有利嗎？

反彈式的回覆是：「這封郵件真是缺乏遠見，還無視我做出的努力。」創造性的回應是：「哇，從你的郵件中我完全理解到這種情況讓你很不高興，我們何不探討一下？今天下午在你辦公室碰頭如何？很期待與你交流。」

只要你學會創造性回應而不只是應付，你的人生就會開始走向成功。你會注意到成功如潮水般向你湧來。因為你開始熱愛所從事的工作，而不僅僅是應付了事。熱愛你所做的，錢財自然會隨之而來。

046 一個精確的數字會改變你

追求財富不是嚴肅的事業，而是一場遊戲。

——英國勵志作家　史都華・韋爾德（Stuart Wilde）

還記得孩提時，我們沿著小徑走很遠，樹上發黃的樹葉散發著一絲淒涼的美麗，我們都覺得再也無法拔腿前進了。這時候，我們之中的一個喊著：「看誰先跑到穀倉！」突然，我們就如離弦之箭般向前衝！勞累的雙腿和骨子裡的疲憊都變成了虛幻，我們用「看誰先跑到穀倉」這句話改變了現實。人真的能改變現實嗎？現實不是被定義為不可改變的嗎？也許思維可以！因為現實必須通過思維才能讓你感知到，所以你能通過思維改變它。

數字一定能對你產生幫助，因為整個宇宙就是一個壯美和諧的數學公式。數字精準得有時讓你痛苦，就像你的房租、月貸、電費、修車費和日常開銷，這些都是別人強加給你的數字。

通常，你只會重視這些數字，因為它們會影響你的行動，但它們沒有一個是屬於你自己的！除非你用自己的數字代替它們，或者讓它們與你的數字相比起來不重要，否則你永遠都會活在應付的世界中，覺得你活在別人而不是自己的夢想裡。

如果你尋覓財富時陷入困境，可以用玩各種不同的數字遊戲來「脫困」，增加能量。如果你被困住，很沮喪，或是事情沒有朝賺錢的方向發展，只嘗試做更好是不夠的。來玩個數字遊戲吧！在牆上掛個數字。如果你在煩惱徵人的問題，就在牆上掛個「3」。你可以規定自己在接下來的十週，每週都要面試三個人，每次達到這個標準就在「3」旁邊貼顆星星，這就是你的遊戲。如果你決定在年中發展一定數量的新客戶，就把那個數字貼滿整個公司。

這種貼數字的方法可以用於正在進行的目標和可能達到的目標上，比方說，每天要打多少電話、要寄出多少感謝卡、要和多少新客戶談話、要每月存多少錢、每週去多少次健身房。或者你也可以只問結果，比方說那是代表比上個月增加百分之二十的收入數目，或是新客戶增加的數量，數字愈大愈開心！因為你愈能創造數字，腦海中就有愈多數字化的目標。這些數字會讓你的潛意識為你工作，即使在你睡覺時。注意，你可以讓潛意識在早上五點鐘叫醒你，這對潛意識來講簡直是小事一樁，它能在白天做更厲害的事情，只需要準確的數字。

有了數字，你的工作中就有了遊戲的因素，現在你感覺到你是在對自己而不是他人的數字做出回應了，感覺就像是又創造了一次生命。

我們之中的大多數人總是在應付別人的數字。我們從別人那裡拿到帳單，看到帳單上的數字，努力計算何時才能付款。這些反應全都是來自外界。房貸公司想要一個數目，日托中心想要一個數目，人人都想要一樣東西，這樣東西上面總有一個對應的數字。

轉變一切的方法，就是把所有你要考慮的數字變成自己的。財富終究只是個數字遊戲，為什麼不讓你自己的數字成為生活主宰？那些你貼到牆上想要達到的數字，都應該屬於你自己。

當你早上醒來看到這些數字時，會覺得自己創造了生活，而不只是對其他人的要求做出反應。你的生活不再只是試著達成別人的數字。

當我們培訓銷售員時，我們會問他們想要達到什麼目標。如果那個銷售員說：「這是公司要我做的，是他們的標準，這就是我要達到的目標，好讓他們給我獎金。」我們會反駁說：「這些都是他們的數字，我們不感興趣。我們想知道你想要什麼？你想要達到的數字是什麼？讓我們把你的生活歸到那一類中。」這麼做之後，銷售員會真的開始付諸行動，並因此興奮不已。很快，他就會想出自己的策略來達到目標，比公司分配給他的更高。

山姆說：「我這些年，從開始發展就在做的一件事是，在我桌邊擺個我每天都會看到的數字，並且不時修改它。它們是我的終極商業目標，我想要達到這個或那個數字。當陷入困境不知如何是好時，我就會看著那些數字，想想該做些什麼能夠更接近目標？這絕對能成功地把你拉回現實。它不一定是你想達到的每一個目標，但總要有幾個關鍵目標觸手可及。」

一個銷售員所能做最棒的事情之一，就是把他的數字貼在汽車遮陽板上。當遮陽板放下，就會看到那些數字，並隨時提醒自己，這一切努力究竟是為了什麼。不是為了進去花兩個鐘頭和客戶們聊週末的高爾夫比賽，而是為了遮陽板上的數字。

你的數字會把你重新導向自己要做的事業上。它們所起的作用就像是導彈發射的座標一樣。把數字貼在你家和辦公室裡，感受它們帶來的正能量。

記住，關鍵不在於那個數字是多少，而在於那個數字能做什麼。

047 創新自己的工作方式

我們一改變，一切就改變了。

——瑞士美學家　亨利・阿米爾（Henri-Frédéric Amiel）

永遠不要停止改進自我和改進你的職業。不要在成長的任何階段讓慣性思維將你束縛住。每天都是新的開始，不要陷入慣性思維的漩渦中。

不管你是經營小本生意，還是提供職業服務，甚至只是在某個企業組織中領薪水，都應該問問自己：「我如何用有創意的方式完成工作？」

成功人士就是這樣先人一步，他們想出全新的點子，用創新的方式做事。

不要因為昨天你這樣做事，今天就繼續這麼做。**每天都是一個全新的你，盡可能多更新、重啟和改造你的工作**。你可以在嘗試不同新事物後，保留好的下來。這種不間斷的改造能讓大腦時時保持活力，用這種方式每天重新開始，你會對自己能想到的新點子數量驚訝不已。

我們輔導過的大部分人都有一種祕密生活，並且身在其中，以為自己永遠不會改變。他們把自己當成永恆的人，擁有固定的個性，擁有固定的生活，他們不知道如何挑戰這個永恆。就用李歐納・科恩（Leonard Cohen）的那首《我的祕密生活》（*In My Secret Life*）來告訴你吧。

今晨我看到你，疾步走過匆匆而去，
似乎無法放下，我緊抓著的記憶。
我生氣時會笑，我撒謊欺騙，
我隨心所欲，勉強度日。
但我知道什麼是錯，什麼是對，
為了得到我祕密生活的真相，
我願付出一切。

真相就是，衝破那個祕密生活的牢籠，思維轉變可以很簡單。你有思維，你的思維屬於你，你可以轉變它，就像車上的排檔桿。困難的是，在你認為不需要轉變時，依然要轉變它。

很多醫生說，他們會不斷鼓勵那些憂鬱症病人站起來開始鍛鍊，即使一點點都好，站起來走一走。但病人們憂鬱得連這麼做都不願意。即使他們的醫生確信無疑地說移動身體就能開始擺脫憂鬱，他們也不「想」走。

第一步總是要跨出去的，讓自己去做那些明知道不「必要」做的事情。一旦你那麼做了，你就有個新的開端，你的精神面貌會因此煥然一新。

048 你能做什麼來真正幫助客戶？

如果你工作只為了賺錢，就永遠不可能成功，但如果你熱愛自己的工作，總把顧客放在第一位，成功就會屬於你。

——麥當勞速食連鎖店創始人　雷・克羅克

大多數在貧窮中掙扎的人總是把注意力放在自己身上。他們總想著自己的缺陷與憂慮。如果你不想再掙扎，就要把自己從自我中完全解脫出來。

試著把注意力放在別人身上，從你的顧客開始。

你今天能為顧客做什麼，好讓他們充滿驚喜？也許你不會和真正的顧客互動，但與你共事、交流的所有人都可以變成你的顧客。

不管你做什麼，都一定有人是需要服務的顧客。所以你要跳出自我沉迷的圈圈，去瞭解顧客的想法。你可以從這個問題開始：「我能做什麼，來真正幫助那個人？」

大多數人從未問過這個問題，他們總是過分關注自己的想法和需求，看不見有很多人正等著被服務，正等著獎賞你的服務。如果你能跳出自我，去瞭解別人的需求，你就會知道他們會付錢買什麼和為什麼付錢。**你愈能理解顧客，就愈能獲得顧客的信任。顧客會很願意為你的服務付錢，增加他們與你的互動。**

如果工作的地方不用直接與顧客互動，你也可以把注意力放在那些會為你講話，或有權升你職的人身上。這樣，你就可以更加瞭解你的上司、夥伴，甚至其他部門的同事，瞭解如何才能真正為他們服務，如何才能真正幫到他們。

大部分人對其他人都有各種害怕和懷疑的心理，以致於完全不想瞭解他們。但如果你不瞭解他們，就無法真正為他們服務。所以，跳出你的自我意識，對他人產生興趣，研究他們的想法和需求。這是提升情緒、邁向財富的捷徑。

到底是什麼讓你的情緒提升了？因為當你真正幫助過別人之後，你不可能憂鬱。思維無法同時容納這兩件事。

那麼，提升情緒和創造財富之間的關聯又是什麼呢？

財富會更快流向快樂的人，因為他們情緒高昂，精力充沛，這些高昂的情緒中又會產生最好的點子和最高的能量。

做一個實驗，你會立刻發現這個真理。走到你的團隊面前，告訴他們有個大麻煩必須解決，然後花一個小時討論，看看你得到的會是怎樣的解決方式。然後帶著這個麻煩去找另一個團隊，但用不同的方式。這一次你要腦力激盪一下，找出所有可能的瘋狂點子，享受跳出框架思考的樂趣。如果不麻煩，那就找個一起腦力激盪的「對象」。只要運用得當，腦力激盪就能很有趣。每個人都參與進來，讓點子極快地在討論室裡轉了一圈又一圈，大家還會慶祝最有趣的點子。但奇怪的事也會發生，你的員工會因討論室裡的情緒高昂而受到感染，想出真正有創意的點子和真正的解決方法！

這不是一個寫在書本上的理論，但我們總是用這個方法輔導團隊。看到結果後，他們都很驚訝。我們把話題從「麻煩」轉變成「互動的腦力激盪」，創造出某種魔力，讓人們不再專注於自身，最終變成為著名心理學家卡爾・榮格（Carl Jung）所說的「集體無意識[1]」，那種所有思維相互聯繫的終極網路。

[1] 集體無意識（collective unconscious）這個概念由瑞士心理學家榮格於一九九二年提出，是某種個人無法意識到的社會性經驗。這種經驗不是來自個人，而是他所在的民族、國家等社會團體相傳的產物。比如在中國會由紅色聯想到喜慶，是中國人特有的集體無意識。

049 讓天賦與工作相結合

你喜歡做什麼？不喜歡這一行就趕緊轉行，因為你一定做不好。不用一輩子做同一個工作，因為如果你不喜歡，就永遠不會成功。

——美國福特（Ford）汽車公司前總裁　李．艾科卡（Lee Iacocca）

繼續自我探索這件事吧。當你愈能把自己的才華與工作相結合，就能吸引到愈多財富。很多人會嘲笑勵志、新時代、自我探索和展開心靈之旅的說法，他們覺得這些觀點很荒謬，「嘿，這些都是怪力亂神的東西，現實一點吧！」

但最重要的，其實是要剝開你這麼多年形成的保護殼，弄清楚真正的你、你內心的真正願望；弄清楚你熱愛的和你真正的天賦所在，知道自己最擅長的是什麼。

在成長和進化過程中，你會不斷增進對自我的瞭解。這種對自我的探究，讓你的服務更出色，錢賺得更多。不用放棄已經達成的任何事，吸收它們的同時，超越它們。

因為如果能把真正的自己與命中註定要做的事情結合起來，財富就會飛快地流向你。這句老話：「做熱愛的事，錢財自然來。」已經被證實對我們及對我們的幾百名客戶都很有效。

做「你熱愛的事」並不需要立刻來一場戲劇性的職業變更。你不用為了讓財富流向你而在一夜之間轉行。它可以行動得更加巧妙。**你可以從現在的職業著手，堅持向工作中你熱愛的部分前進，堅持熱愛你正在做的部分。**

我們有位客戶叫瑞吉兒，她說：「我不知道自己熱愛什麼，也不知道我想要什麼，更不知道我擅長什麼。」

「你到底有沒有花時間認真考慮過？」

「我沒有時間考慮，我似乎總是從一個危機到另一個危機。我的人生似乎總是充滿著其他人要我做的事。」

「你總是喜歡獲得他們的讚許嗎？」

「讚許？讚許從來都不夠，所以不喜歡。即使我得到稱讚，我也不相信，因為它持續不了多久。那只會把一切變成他們的感受，而不是我的。」

「觀察得很好，你的方向是對的。」

「但錢財不是來自於服務嗎？」

「是的，絕對是，但服務是純粹而自由的，它不是一種贏得人心的嘗試。你服務了，就抬頭望向前方，然後優雅地繼續前進。」

這對瑞吉兒而言是完美的時機，讓她跳出期望別人讚許的想法限制，開始真正的自我發現之旅。現在她可以真正反思自己的內心，找出她擅長的東西了。一旦她那麼做，她就能立刻提升自己的精神和能量，導向更多的成功。

不久之後，她轉到了公司裡一個她一直想進的部門，並立刻得到升職。自我發現就是這樣，它能獲得現實的經濟價值。所以不要等太久再投入進去。

山姆記得上大學時有個課程，要做一個針對八十多歲族群的問卷調查研究。問卷裡問：「如果你能重新過一次八十年，你會改變什麼？」

老人們選擇最多的三個答案是：一、**冒更多險**；二、**反思更多**；三、**做更多在自己死後仍有影響力的事**。

他們在八十歲時才被啟蒙！你也許現在就想這麼做。如果你這麼做了，你的人生將會怎樣？如果你冒更多險，反思更多，並做些你死後仍有影響力的事，現在會發生什麼事呢？

050

乾乾淨淨賺錢

明智而道德的人，像山頂的火焰般閃耀，像蜜蜂一樣賺錢，但牠們從不傷害花朵。

——佛教巴利語《大藏經》

也許有人買這本書時會有一點內疚！想要學習為自己創造財富的方法，是不是非常地自私和貪婪？

但如果人們能夠看到財富積極有益的一面並為之激動，他們就可以開始一個無需內疚的致富計畫了。也許是兼顧白天的工作，也許是傍晚和週末才做的居家生意。只要他們把足夠的熱愛和遠見投入到這個玩票式的生意之中，它就會發展壯大，超越日常工作，最後變成好運之人的主要收入來源。這只是幻想嗎？不，我們和很多做到這一點的人合作過！但第一步是要讓你的手段乾淨。

很多人說，當一個人很富裕時，他充滿了銅臭；要是一個人很窮，他就是淳樸、可憐、聖潔、乾淨的。雖然這些只是想法，但也會延緩你的腳步。如果你希望創造力如泉湧般順暢，你就得「洗清」這些關於財富的想法。你要想辦法讓自己賺大錢並手段乾淨，而不是渾身銅臭。

記住，與錢財有關的那些骯髒想法，大部分是滿懷嫉妒的人說的。他們其實嫉妒得要死。嫉妒是一種病，只會導致不健康的痛恨和低層次的嫉妒之心。

所以想要錢財流向你，它就必須在你腦海中變得乾淨，比核能等能源還要乾淨。金錢能讓一個家庭從貧民窟搬進高檔社區，這就是金錢的力量。

當你能把金錢當成乾淨而清晰的能量時，賺錢、賺更多的錢就會變得有趣。如果「銅臭味」會讓你覺得骯髒不能接受，何不來個「大掃除」讓自己能欣然接受呢？

051 引導理性思維，拋開恐懼的負面情緒

對愛思考的人來說，人生是場喜劇，對喜好感受的人來說則是悲劇。

——英國小說家　霍勒斯・渥波爾（Horace Walpole）

在《思考致富》（*Think and Grow Rich*）一書裡，作者拿破崙・希爾主要的觀點是學會引導你的思維，控制思考過程。如果你真的學會了思考，你就能變得非常有錢。

他的書現在仍然很暢銷，原因很簡單，他的方法能起作用，他的見解具有革命性。不管外部條件看起來如何不利，只要我們改變思維，就能改變財富創造的運氣。

「每個不利條件、」希爾說：「每個失敗、每個傷心離別都蘊含著一樣多或更多的好處。」

拿破崙・希爾出生於維吉尼亞州龐德鎮鄉下的一個小木屋中。他從小家境貧寒，母親在他十歲時就去世了，但他的這件傷心事卻為他帶來助益。因為希爾的繼母成為他生命中最能啟發他的人。

她每天都和他一起努力，使他更有自信。她教會希爾思考，正因為她的啟發，希爾在十三歲就開始作個「山地記者」，為小鎮的報紙寫稿！他用當記者的錢進入法學院深造，但不久又

因經濟因素輟學。他職業的轉捩點是在一九〇八年，作為成功人士系列報導的一部分，希爾被安排採訪當時的工業巨頭安德魯・卡內基（Andrew Carnegie）。卡內基相信任何人都可以用他的模式複製自己的成功。

卡內基請希爾幫忙，把模式擴散到全世界。他為希爾寫了推薦信，讓他採訪當時五百多名成功人士，其中許多都是百萬富翁，好證明不管他們是否意識到，他們都用了這個簡單程式！希爾的工作就是要發表這個成功模式，於是他採訪了很多當時最著名的人，包括湯瑪斯・愛迪生、亨利・福特和希歐多爾・羅斯福（Theodore Roosevelt）等。這個採訪持續了二十多年，在此期間，希爾成為了卡內基的顧問之一。起初，希爾和卡內基完成的這個模式發表於他一九二八年的作品《成功法則》（*The Law of Success*）之中；之後希爾把它濃縮成另一本書《思考致富》。

希爾（和卡內基）的成功體系被他稱為「自動建議」的過程，他指的是一種操控思考的力量。如果你想一件事想得夠多，這件事就會無法抗拒地進入你的生活。只要這件事能在你腦中找到一條合理的路徑，它就會自動向你推薦它自己。

希爾說：「你運用自動建議原則的能力，在很大程度上依賴於你集中精力於某個欲望，直到它變成絕對沉迷的能力。」

雖然他的書用的是那個年代的語言和社會風俗，但是這個魔法般的模式仍然管用，我們仍然能從他身上學到很多東西。很多人都不會忘了他最令人震驚的資訊：致富不在於天才或高智商，普通人也能很容易地運用他的模式。

自動建議之所以能起作用，是因為它與「從外部世界接受所有建議」的模式完全相反。只要你放棄做別人建議你做的，你的人生就能飛黃騰達。你會時時刻刻準備思考，然後致富。

致富是一個很容易被情感弄砸的理性邏輯過程。只要你跟著走，理性就能讓你致富，負面的焦慮則會把我們拖離正軌。

恐懼是致富路上最危險的情緒，它會消耗我們大量的能量。保持恐懼也需要耗費許多心理能量，就像拋接瓶子，你試過拋接保齡球瓶這種雜耍把戲嗎？大腦在憂慮時就是那麼工作的，需要大量能量來維持恐懼的存在。即使恐懼的能量能被轉化為仇恨和憤怒，但仍然是在浪費能量！這些能量本來可以用來創造財富的。所有這些被引入憤恨的能量本來可以創造出服務他人的完美計畫。

我們曾聽說過，一個小餐館的員工抱怨他們當天的工作環境很糟，不知道是什麼原因，他們一個下午都被「擠爆」了。

「你說擠爆了是什麼意思？」

「客人，爆滿，他們不斷地來，我們以為下午可以休息一下，卻完全不能。」

注意，這些員工其實是在反對財富。員工和餐館老闆之間存在嚴重的情感脫節。這種脫節是老闆的錯，因為老闆害怕同員工分享財富（因此員工害怕分享任務），從而導致了脫節。

在大公司裡，恐懼也會破壞財富的創造。例如，大部分雇員在無意識中抗拒提拔，他們害怕、憎恨自己的老闆，不願在工作中多加努力來前進。他們的能量全用在恐懼而非工作上。如果他們能消除工作中所有那些負面情緒，溫和而開心地工作，他們就會獲得提拔。但感情的因素走了進來，破壞了創造財富的過程。

我們輔導過的每個客戶都要面對這個最基本的問題：你想將自己生命的能量用在恐懼還是財富上？

英國諷刺文學大師喬納森・史威夫特（Jonathan Swift）說過：「明智的人把金錢放在腦子裡，而不是心裡。」他說得對，金錢是個思維遊戲，如果把它變成情感心靈的遊戲，就會一敗塗地。在你創造更多財富的同時，不要忘了藉由培育你的思維、釋放你的情感來獲得尊重。

很多人經歷過童年和青少年時期後，自我形象認知都很低。父母曾告訴我們：「你永遠都不可能成材，你連怎麼打掃自己的房間都不會，也沒有努力做作業，很可能賺不到多少錢。」他們本意是好的，但你長大後常常會想：「既然反正不可能獲得成功，我最好找點最低收入的工作解決最基本的生存所需算了。」這種立基於內心恐懼的方法對你沒有任何幫助。**人人都有非常擅長的事，只要能讓它與正確的職業和服務結合起來，就能賺到很多錢。**

「很多錢」對不同人來說可以意謂著不同的東西。這很好，有時僅僅一點工作上的熱情就能讓你賺到很多錢。我們現在就認識一位百萬富翁，在她致富之前，是一個替別人照顧學前兒童的保母。乍聽之下不怎麼榮耀，只是看顧其他人的孩子，但那正是她擅長又熱愛的工作。

這就是人類思維力量的運用。

052 別把嘗試夢想留在明天

沒有行動計畫的目標就是一場白日夢。

——美國心理學家　納撒尼爾．布蘭登

在一天開始的時候，看一眼自己的夢想，然後把它放到一邊。我們不是要你放棄夢想，只是提醒你不要被它催眠。

很多人只是做夢，從沒想過要邁出現實的腳步。所以做點什麼吧！讓你的夢想成真，不要讓它只是一場白日夢。西南航空的赫伯．科勒爾（Herb Kelleher）說過：「我們有一個戰略計畫，就叫『做事』。」

我們輔導的大部分人都認為他們最美好的夢想一時還實現不了，因為還欠缺很多條件。他們也許樂意重新開始新職業或新生意，但是要等到資金充足或是處於理想狀態時才行。然而，對於那些需要勇敢的事情來說，永遠沒有最完美的時機。

開始新生意沒有完美時機，冒險也沒有完美時機，只有可能出現壞時機！所以選擇其中一個不算太壞的，然後動手去做！把夢想的東西變成現實，即使只是開始創業公司的名稱、功能變數名稱，或是讀一讀關於這個行業的書，這也是一種開始！開一個新文字檔，每天固定用半小時去思考你的夢想，這些都叫作執行時間，在執行夢想的過程中邁出一小步。

一旦你將夢想變成一項工程，而不只是對未來的白日夢，你的經驗就會活化起來。因為能量會流向執行與行動的過程，不會流向白日夢。白日夢是毒藥。**一旦你開始行動，就會把期待和奢望都排出體外，由夢想變成執行。**

執行它，把它變成活躍專案！當有人提出和夢想有關的事情時，你可以說：「我正在著手一個相關的項目，我們談談吧。」而不是：「我總夢想著能做那件事。」

麥克．科達（Michael Korda）在他的書《尤利西斯．格蘭特》（*Ulysses Grant*）中說過一個事例。格蘭特是林肯手下最偉大的將軍，他總熱衷於行動。他寫道：「他在青少年時，堅持從一個地點走到另一個地點。這個事件之所以引人注目，不僅因為它突出了格蘭特毫不畏懼的騎術和決心，也體現出了一種十分重要的特質。這種特質透過那個事件，在他身上體現得淋漓盡致。格蘭特對回頭看極為反感，這種情緒甚至如同恐懼症一般強烈。如果他決定要去一個地方，無論如何他都會到那裡，無論路途多麼艱難曲折。這種特質隨後成為他變成極出色將軍的一個因素。格蘭特永遠在向前挺進，對他而言，回頭不是一個選項。」

人們會走到我們跟前說：「哇，我也很想寫本書，你們是怎麼寫書的？」知道嗎？我們會告訴他一個小祕密，你坐下來，然後拿出一個祕密武器，它被稱作鋼筆，然後開始寫。「什麼？一支鋼筆？我從哪兒弄得到那個？」

看吧，人們寧願繼續做夢。

把你的書、網站、新職業變成一個項目，而不是停留在夢想階段，並為這個項目投入你所有的注意力。有時，你決定放棄一個項目，在此之前先給自己五分鐘時間思考，它會逼著你的思維再提升一個層次，一個充滿力量的新層次。這種情況不是經常發生，所以即使沒有這樣的情況出現，你也沒有任何損失。五分鐘之後再放棄。但是，新想法出現的頻率也快得足夠讓你驚訝了，你會驚奇地發現原來你還有那麼多精力可以付出，而這之前你根本不知道這種能量的存在。你以為自己太累了，堅持不下來，但那只是個想法。你不用相信自己的想法，因為想法永遠只是想法而已。

這讓我們想到了美國著名心理學家威廉．詹姆斯（William James）說過：「大多數人一開始就沒有跑得足夠遠，遠得能讓他們發現自己還能跑更遠。全力去嘗試你的夢想，你會為自己的能量感到吃驚。」

山姆在大學時就學會了有夢想就要去做。一天晚上，他待在學校餐廳，已經過了十一點，他還在用功。突然有人進來對他說：「嘿，有個小組組織了一次上門推銷書的活動，如果你能賣到一定數量，就能獲得去墨西哥的機會。今年贏得這個機會的同學迪諾不能去了，他準備賣掉自己的票，包括來回機票和一週的住宿，你可以和其他三十個大學生一起去墨西哥。他準備賣兩百美元！」

山姆坐在寒冷的加拿大大學餐廳看著窗外正要來臨的暴風雪，他想都不想地說：「哦，我要去！」墨西哥是他長久以來的夢想。和他一起坐在餐廳裡的朋友說：「你不能那麼做。」

「為什麼？我銀行裡還有兩百美元，我當然可以那麼做。」

「但你知道明天就要出發，你不能就這樣動身離開。」

「為什麼不能？」

「你就是不能，不能那麼做。」

他們都在準備同一場考試，考試就在隔天。問題是，現在是晚上十一點，有巴士會把他們從溫哥華送去西雅圖，然後飛去墨西哥，巴士凌晨四點就會出發。於是山姆說：「我準備這麼做。你們知道我在大學裡會有很多次考試考砸的可能，但我只有一次機會花兩百美元去墨西哥玩一趟。我就要那麼做！」

所以他去了，玩得很開心，直到現在他也常常翻看那時拍的照片。

當他回去學校時，那門課的老師說：「我注意到你沒來考試。」山姆已經知道自己肯定要被當，所以他必須做點什麼，編一個理由也行。他跟教授說：「是的，我因為一些私事必須離開加拿大。」

教授說：「你因為私事必須離開加拿大？」

「是的，所以我那時不在國內。」

「那你就再考一次好了。我還有另一張試卷，問題不一樣，但考試範圍相同。」

山姆參加了考試，並順利及格。

財富青睞勇敢的人。所以，把你的夢想拿出來落實，今天就開始行動！不要等到明天！

053 每週主動為你的事業做兩件事

淺薄的人相信運氣……堅強的人相信因果。

——美國思想家與文學家 拉爾夫・沃爾德・愛默生

我們發現，阻礙人們創造財富的最大問題是他們不願意認識到，他們實際上可以製造事情發生的機會。他們不相信因果律。他們就這樣憑空指望有事會發生在他們身上！他們完全不明白自己可以成為好事發生的原因。於是他們等待，希望成功從天而降，或在正確的時間地點出現正確的事。他們想著：「如果我能隨波逐流，它自然就會把我帶去海灘。」

我們會讓我們的客戶每週主動做兩件事，僅此而已。這些客戶都因夢想過於偉大而不敢向前邁進。因為每週主動做兩件事會把你的理想從未來轉移到現在。每週兩件事，一年就是一百件，如果你一年能主動做一百件事，就能保證某件事的發生。

缺乏行動、缺乏注意力、缺乏對某件事的投入，這些因素造成了事情停滯不前。你可以成為啟動因果的原因，為事情的進展注入一針「強心劑」。

印第安納波利斯小馬隊在二〇〇七年美式足球聯盟年度冠軍賽超級盃上戰勝芝加哥熊隊，

幾天後，一段關於小馬隊四分衛佩頓．曼寧和熊隊四分衛萊克斯．格羅斯曼（Rex Grossman）之間的賽後慶祝會流言浮出水面。

格羅斯曼問佩頓如何能在週日晚上那個氣候多變、甚至隨時下大雨的時段有效拋接球。格羅斯曼在當天比賽的關鍵時刻兩次手滑和拋球受阻，他把這些失敗歸結於氣候惡劣。但曼寧狀況更糟，他在AFC冠軍賽中右手拇指受傷，很可能讓這場比賽變成災難。但他完全不受影響的發揮太令格羅斯曼吃驚了。曼寧告訴格羅斯曼，他前一週練習了從中場開始的「溼甩」，讓自己減輕雨中拋接球的壓力，這和一般情況下抓緊球的做法正好相反。

體育頻道的主持人在節目中報導這個傳言，當時小馬隊教練正好在現場，主持人忍不住問教練這個流言是不是真的。小馬隊真的練習「溼甩」嗎？教練告訴觀眾，本賽季只要室外場的比賽中有下雨的可能，他們都會提前這麼練習。佩頓．曼寧有十個專門被浸在水中的橄欖球，他會用它們練習好幾小時的拋接傳球。這是個鮮明對比，一個選擇製造成功的人和一個被影響的人。萊克斯．格羅斯曼的成功全靠老天施捨，他希望壞天氣不會影響他比賽，但是，唉，這次運氣太差，他被影響了。而佩頓．曼寧卻利用了製造的力量。

你如何讓有利於己的結果發生？你如何在雨中製造有效的拋接球？那就把球泡在水裡去習慣那種手感，讓別人不停把那種球扔向你，讓你的手習慣它們。你能夠製造「潮溼」的感覺來讓自己適應這種乾溼間的變化。你不會希望天氣沒問題，你會讓天氣不是問題。「希望」不是一種制勝的策略。**如果你想要某件事變得和它看起來不一樣，那就去問自己一個有用的問題：我如何才能讓它發生？**

054 在生意開始前就銷售

幻滅遠比發現真相更令你明智。

——德國作家 路德維希·伯恩（Ludwig Borne）

開小公司的人經常會相信一個幻覺：「建好它，顧客自然就會來！」我們把這種幻覺稱為「夢想之地」。很多小公司老闆會作好一切開門迎客的準備，讓他們的生意有實體也合法，然後希望有顧客自動上門。

如果你也這麼做過，那你就漏掉了成功中最重要的一步：顧客認為你的生意獨特，有引人注目的吸引力！

你創造了什麼讓你獨一無二？你能提供什麼讓顧客們聽過之後說：「哇，太酷了！」你的生意是傳奇嗎？話題是什麼？

一旦讓自己激動起來，我們說的是真正為自己的生意所激動，那你就真的準備好做生意了。如果連你自己都激動不起來，你的現實和潛在顧客就更不可能存在。

僅僅開門等待是不夠的，你得為你的商品加入附加價值，並要一直這麼做，一直改進，不斷重複。每一週就從頭再來一遍。在你最重要的創造性思維時間裡問：「我能在產品和服務上改變或增加什麼，讓它更有吸引力，更引人注目，更無法抗拒呢？」

大多數新商人會使用直線性的邏輯思考問題：「我開業之後才能有顧客。」但我們想請你反過來想，做點反向思維練習：從你想要的結果開始推進，往前一直推導到現在，這樣你就能在開業之前得到顧客了。

有些健身房就做到了這一點，他們在設施裝修好前幾個月，就在門口擺攤子幫人們註冊新會員。他們知道「建好它，人們自然就會來了」這種想法不是真的。

另一件可以把你的成功提前兜售給這世界的事，就是你親自去周圍的公司拜訪，在自己公司開張前就去自我介紹。邁出第一步，讓他們知道你是什麼樣的人，提早開始尋找盟友。關心你的客戶，就像關心你自己的生意一樣。不要讓他們聽說你、好奇你是什麼人，看著你在櫥窗裡掛著標示牌卻不知道你是誰、你在幹什麼。去外面吧，這樣你就能提前告訴別人你的故事了，這樣你就能在建好之前先開始銷售。

你的目標應該是在還沒開業之前，就撒下關愛和品質的種子。如果你提前向周圍的社區充分介紹自己，那就不用提供什麼過低的「嘗鮮價」了。雖然說十個人裡面會有九個人用價格來決定買不買，但總有人不是。他們購買的原因是因為你能比競爭對手更快幫他們解決問題，讓他們更舒適。所以記住：先賣，再開張。

時時刻刻想著「提前」。提前市場研究、提前預售、提前寄出郵件、提前註冊，讓人們在你開業時為你的生意鼓掌慶祝，激動萬分。請盡力走在時間的前面。

山姆曾在一個小鎮上開了一個小公司，他提前進行了誇張的市場宣傳，結果最終開業的時候，那裡變成了一個大型的社區活動！連市長都去剪綵了！市長其實很喜歡做這種事，而這會讓你有機會在當地的報紙上露臉。

記住所有這一切過程中顧客的心理變化。其實顧客在給錢之前早就做出決定了。當你買新車時，坐下來填表之前你早就有了決定，一旦你能想像出自己坐在那輛車裡的狀態，基本上買賣就已經成交了。

所以，在開業之前給全世界一些圖景，讓他們去憧憬吧。

055

聚焦在真正能致富的地方

簡單的點子、忽然閃現的靈感，也許價值百萬美元。

——美國成功學作家　羅伯特・柯里爾

說到財富，你最需要投資的東西就是自己的精神能量。如果你的精神能量被錯誤地引導到不值得或有害的方向去，比如和現實抗爭或判斷人生哪裡出了錯，那你就投錯方向了。

當你晚上躺在床上準備睡覺時，你在想什麼？你是在想自己今天遇到的麻煩和明天就要支付的帳單，還是在想可能出現的機會？當你開著車，或者坐在某處無所事事，或在銀行排長隊時，你又在想什麼？你是在想機會，還是在想問題？

現在是時候小心對待你的能量流動方向了。小心其他人，確保別人沒把你的精神能量引導到錯誤的方向上。

如果你現在有一家公司，裡面有一個員工很麻煩，那就把你的注意力用在思考如何找一個出色的人替代他，而不是每天煩惱如何「對付」這個麻煩。好員工是你最大的財富。

曾兩次獲得諾貝爾獎的科學家萊納斯・鮑林（Linus Pauling）說過：「想出好點子的最好

辦法，就是想出很多很多點子。」但是如果你不能專注於自己想要的，你就無法想出那麼多點子。專注本來就是這個意思：記住你想要什麼！

要意識到精神能量和注意力有多重要，你才會用「集中注意力」這個短語來提醒自己。因為你正在集中全部的注意力進入某項事業或某個領域。**注意力就是財富，所以你要格外小心投資它的方向。**

記得每天都要檢查，這是我希望自己關注的地方嗎？它能創造財富嗎？這是個高回報的項目嗎？我的售價是高了還是低了？如果我把注意力投入其中，我能夠收穫財富嗎？如果答案是「不」，那就該換方向了！

把你的注意力轉移到能獲得回報的領域中。我們不是要你一天二十四小時都沉迷於其中，但如果你正在「工作時間」，為什麼不花一點時間這麼做？

問題通常出在日常注意力的流失，那是巨大的精神浪費，我們總是在同一時間想著千萬種不同的事情。

只要我們能集中注意力，任何事情都會出現在我們面前。**當我們專注地想著某件事，它就會被我們吸引過來，所以保持聚焦在我們想要的東西上，這點非常重要！**

056 用賺來的錢為他人買幸福

看金錢能做些什麼，真是美極了！

——古羅馬修辭學家　塞內加（Marcus Annaeus Seneca）

人們總是告誡你金錢不能買來幸福。真的是這樣嗎？也許金錢可以買來幸福，但不一定是屬於你的幸福，也可能是其他人的。

你可以把錢捐給一些口碑不錯的慈善基金，這樣你就能做點什麼來改變別人的幸福指數了。就好像如果你在非洲挖一口井，就能提升整個村莊村民的幸福指數；如果你為一家人籌款治病，就能親眼看到金錢換來的幸福。

有人會告訴你「金錢不能換來幸福」，但他們通常只是想要掩蓋自己對錢財的苦澀態度。當他們說它不能買來幸福時，你可以說：「其實金錢可以為很多人買來幸福，所以我賺錢賺得很開心！」

披頭四（The Beatles）雖唱著錢「不能買給我愛」，但可以買來你對其他人的關愛。前鳳凰城太陽隊的籃球隊員凱文．詹森（Kevin Johnson）曾在他就讀過的學校裡辦一個課程，讓所有孩子都不必再去街頭打球。現在，凱文已經擁有自己喜歡又引人注目的專案，孩子們都超愛這個籃球課，也感受到來自老師的關愛。凱文的錢還是買到了愛。

財富可以讓你買到東西，可以把你的愛散播出去，只不過無法買到愛的回饋。但誰又需要那個呢？我們內心已經有足夠的愛了，我們生來就有愛。

057 創造財富是你自己的事

預測未來最好的方法就是創造未來。

——美國管理學家 彼得．杜拉克

丹尼爾．品克（Daniel Pink）寫過一本不錯的書《自由職業國度》（*Free Agent Nation*），書中說：「這個國家曾有一套保障系統，公司提供安全保障給員工，員工回饋公司忠誠。如今，這一交易已經不復存在，現在要是還有人相信這個，就太愚蠢了。」

史帝夫生命中最重要的一次突破，就是他與心理治療師納撒尼爾．布蘭登以及他的妻子戴沃斯．布蘭登（Devers Branden）合作。他們的說法是：「沒人會來幫你。」如果你能讓大腦和心靈都清楚這一點，它會極具威力。**沒人會來幫你！沒人會來幫你生活，沒人會來幫你解決個人問題，沒人會來幫你吸引財富！**

不管你做什麼，人生就是你做的那些事和你所創造的財富。我們不是說不要借助於教練、導師或幫手，但他們只是成功地把你和你自身最好的部分聯繫起來，讓你看到內在的自己，落腳點還是在你自己身上。沒有人會幫你過你的人生，沒有公司能夠做到這一點，也沒有配偶能夠做到這一點。(但是人們還是不斷更換配偶，期待只要找到正確的那一個，就能幫助他們度過人生。)

很多人在公司工作時很失望，因為他們總想著：「大公司會是我最終的答案！他們會提供我缺失的那一塊拼圖，我的人生方向。」

這就像人們嘗試回到童年，找到另一種形式的「父母」，然後，到了十八歲，哎呀，那簡直是開玩笑！一切都得靠你！很多人都覺得震驚甚至感受到背叛，所以開始痛恨並抗拒這一點。接著他們就下意識地出去尋找新的「父母」，所以他們才會認為在公司的經歷那麼苦澀，所以他們才會那麼痛恨他們的上級。因為他們希望得到的不是工作，而是第二個童年。

但沒人會來幫你並不是一個壞消息，相反地，它應該是好消息，因為財富的終極泉源就在你身上。即使你一個人坐在一間房裡一整天，只有一本空白的筆記本陪伴，也比和外部世界交流一百多次更能尋找到你的財富。它取決於你自己本身。你最終會在自己的生命中創造出自己的財富，你能做到，其實根本沒有那麼難。

布蘭登博士講過一個故事，當時他正帶領一個小組從事治療工作，忽然有人說：「布蘭登博士，你說沒人會來幫忙，但那不是真的，你來了。你來到我們生活中，告訴我們如何增強自我意識。我們的生命會因此變得更好，所以不要說沒人會來，因為你來了。」

「是的，」布蘭登博士說：「我的確來了。但我來是為了告訴你們，沒人會來幫你們的。」

058 不要輕視金錢

只要你有足夠的錢，它就不是一切。

——美國《富比士》雜誌發行人　邁爾康・富比士

在大衛・馬密的（David Mamet）精彩電影《各懷鬼胎》（*The Heist*）中，丹尼・狄維托（Danny DeVito）飾演的角色說了句著名台詞：「人人都要金錢，所以他們才叫它金錢！」人們也總是說：「金錢不是一切。」但說這種話的人總是那些錢不夠多的人。有錢人從來不會說錢不是一切。

如果談到你生活的這個物質世界，很不幸，在某種程度上，金錢就是一切。因為你做出的所有物質選擇都由你擁有的金錢數量決定：你要住在哪裡、你見到孩子和妻子的頻率、你和家人相處的時光，甚至是你的健康狀況。研究表示，擁有更高收入、更多金錢的人的確可以活得更長，因為他們能夠得到更好的醫療服務，吃、住條件也更好。

我們的朋友，也是我們的導師丹・甘迺迪在他的知名著作《沒有廢話的商業大亨吸金術》（*No B.S. Wealth Attraction for Entrepreneurs*）中，談到如何過成功的生活時說：「要清楚，要真實，要自豪、不羞愧、不害臊地站起來說：『我喜歡鈔票，它會帶給我人生中想要的一切。』」

你能活多久取決於你的財富有多少，所以不要避重就輕地輕視金錢，說它不是一切。

這很矛盾。因為我們之前也說過，如果金錢對你不重要，你就能更快地賺到錢！

所以技巧在於，你能平衡兩方的重要性，重要到需要你集中注意力，要專心，要思考，但又不能重要到讓你為之憂心忡忡。

真正的問題在於帶著「金錢不是一切」這種哲學思維，人們就會不關注金錢。他們先是為金錢憂慮，然後被嚇倒，掙扎一番後宣布它什麼意義都沒有。在應付金錢帶來的壓力時，他們用食物、酒精、不正當關係、電視節目、賭博或家庭不和等種種問題當作藉口來麻痺自己的神經，逃避壓力。所有這些荒唐的上癮行為都是為了產生麻痺感，讓你失去自我意識。

他們的想法是：如果我能讓每個人都認同金錢不是一切，金錢只是金錢而已，我就能不去想自己創造財富的事，不必再參與金錢遊戲了，並且我也不用為自己不參加遊戲而去承擔任何的責任。

但你的確想要參與這個遊戲，因為偉大的財富遊戲很好玩。然而和其他好玩的遊戲一樣，你必須要有高度的意識和認知才能參加。是時候讓你認識到在物質世界裡獲得金錢是件好事了，因為當你看到財富能決定你會穿什麼衣服、開什麼車、吃什麼食物、去哪裡度假，你就會激動起來，並且更加投入參與創造財富這種人生遊戲。

很多人從來都不讓自己享受完成一件事的喜悅。他們被恐懼、抱怨和痛恨纏身，無法看到自己變成功的機會有多大。不要讓這種事情發生在你身上。意識到這一點：**只有你獲得成功，**

才能服務和幫助更多人。驅使成功人士的，並非是自大或貪婪，而是對生活的純粹熱愛，讓你自己也能分享那種快感吧。

偉大的小說家威廉・薩默塞特・毛姆（William Somerset Maugham）說得很正確：「人們通常認為成功會令人虛榮、自大、自負，這是錯誤的；相反地，它能令大部分人謙虛、隱忍和善良。失敗才會讓人苦澀、冷酷。」

059 為自己創造一個金錢暗示

只要你能讓自己成為中心，並完成你的使命，就能在人生的所有方面成功又富足。

——美國潛能開發專家　荷西．西瓦（Jose Silva）

金錢有它自然的流向。

所有人從心理方面來看，也都有這種流向。**如果我們能夠下定決心讓錢財流入，它就真的會發生**。這是金錢流向中最基本的運動，但它必須是有意識的。

有些人談到自己的現金流向時說：「我似乎總留不住錢。」或是說：「我為什麼總是窮困潦倒？花錢總是比賺錢快。」

在大部分中國餐廳和中國人開的商店裡，你都能看到一隻舉起一隻腳的陶瓷貓。幾乎每一家都有，通常放在收銀機旁邊，那是一隻招來好運的貓，叫「招財貓」。招財貓也是招手貓，現在幾乎流行在全世界的商店！這個多彩的財富象徵源於日本，但不久之後中國人就注意到了，並把招財貓運用到自己的生意上，因為它的心理暗示作用真的能改變金錢的流向。看到這隻貓會讓人的思維自動切換到「流入」上，這種說法難道不會很傻嗎？

也許並不傻。你看到最近中國發生什麼狀況嗎？他們整個國度的錢財流向閥門都轉到「流入」上了。那隻貓只是一個小標誌，但也是一種強大的心理暗示，意謂著「錢財流入」。

你也可以為自己創造一個同樣的暗示，想像著錢財的流入。你可以一直這樣想：「錢財滾滾來，不會隨便流出去。」我們認為自己是什麼，就能變成什麼。

當你用了一段時間「錢財滾滾來」的宣言之後，它就不僅僅只是一個宣言了。它會很快在你腦海深處成為行動準則，通過神經通路進入你的大腦，而大腦會像海綿一樣將它吸收進來。如果你努力讓它滲入到你做決定的過程中，它就能引導你，讓金錢主動流向你。

當你下定決心把閥門設置到「流入」而不是「流出」後，它就能幫你做出決定。你想現在就買這輛新車嗎？你的腦海深處會響起這樣的話：「如果我這麼做的話，閥門就開到『流出』了。」這樣，眼下你的答案就會是不買。

所以，金錢流進一開始只是宣言，之後卻變成深入你自身行為系統的準則，它會變得真正有利。以前不好不壞的情況開始變成更多現金流入的好機會，因為你現在的思維被訓練得可以發現它們了。

060 勇敢嘗試，以失敗為師

大成若缺，其用不弊。

——道家創始人 老子

大多數人都希望持續成功，這很有道理。**即使是失敗，那也會是最好的教訓。由此你可以不受拘束地進行更多嘗試，體會更多失敗。**就像那本經典商業書《你工作快樂嗎？》（*The Max Strategy*）中說的那樣：「嘗試永不會失敗。」山姆在事業轉折前，曾連續經歷過五次經商失敗，本書中介紹的方法代表了他變成百萬富翁所做的那些改變。它們不僅僅適用於他，也適用於他數百個從失敗轉向成功的客戶們。但他之後還發現，回過頭來，他所經歷的所有失敗也幫助他走向成功。他認真地審視教訓，並從中得益。

有些人只會把失敗當作失敗，其實失敗也能幫助你提升技能。偉大的四分衛法蘭·塔肯頓寫過一本書，講述他如何從球場上的失敗中學會一些在他退役後仍持續有用的教訓，這些教訓還成功地幫助他完成了從運動員到商界精英的轉型。

山姆說：「有些人問我怎麼克服對經商失敗的恐懼。我告訴他們，失敗幾次之後你就不會怕了。」失敗只是訊息，告訴你什麼能見效，什麼不能。你的成功會因這些訊息而加速到來。你愈是能學習，就能愈快找到可行的方法。

我們收到了麥特．弗瑞的一封電子郵件，他在裡面說：

今晚我和我兒子法蘭克坐在三溫暖房裡，聊著要有什麼品質才能事事都成功。他才六歲，但他已經準備好學習如何建立強大的自我形象。

「你能告訴我一件你以前不會做的事情嗎？」我問他：「一件以前你覺得困難但現在很容易的事情。」

「丟橄欖球。」他立刻說。

「好，還有什麼？」

「接橄欖球。」

「還有呢……？」

「打拳和踢腿。」

「很好，你還能想到別的嗎？」

「呃，我想還有寫字。」

「你知道你忘記多少事嗎？學翻身、爬行、站立、走路、跑步、穿衣、自己吃飯等等。」

法蘭克雙眼圓睜，顯得非常吃驚。

「所有這些事情對曾經的你來說都很難，掙扎著才學會它們，犯了很多錯誤。但現在你很容易就能做這些，對嗎？」

「對。」

「你知道這意謂著什麼嗎？」我問。「這意謂著不管你想學什麼，同樣的規則也適用，一開始你會犯錯、會掙扎，之後你犯的錯減少了，因為那些錯誤教會了你該怎麼做。然後，如果你能像現在這樣集中注意力，就能學會新東西。就這麼簡單，但如果你因為錯誤而哭泣抱怨，你就永遠都學不會。你會對自己失去信心，得到令自己不滿意的結果。」

麥特說：「我和法蘭克談了十五分鐘，探討錯誤在人生中的價值，我還會繼續重複這樣的談話。當然，這只是給六歲孩子上的課，我不知道成年人能否從中得益。其實所有人都可以這樣訓練自己。不要擔心犯錯，把它們當作修正性回饋，那才是錯誤的真面目。錯誤會引導你成為偉大的人，但你首先必須停止把它們當成壞事。」

你當然可以立刻成功，如果你做到了，那很好。但即使在那之後，你也仍會有一些小失誤，學會和它們交朋友，從中汲取教訓非常重要。你也許會遇到人事問題、搭檔問題、產品問題，或是擴張失敗等等問題，記得都要從中學習，讓失敗成為你的老師！你不用尋覓它，也不會希望得到它，你會努力避免不要碰到它，但一旦它出現，就張開雙臂歡迎它！

061 好生意就是找出顧客的麻煩

麻煩愈難解決，就愈有趣。

——美國鋼鐵大王 安德魯・卡內基

金錢就如同一盤棋，這個棋局的目標就是把一些棋子從棋盤中弄走，打通一條道路，然後完成比賽。把這些棋子都想像成別人的麻煩。

你想知道創造財富最確定的途徑嗎？找到一個有麻煩的人，解決那個麻煩！也許他們的麻煩是後院有件舊家具太大，放不進他們車裡運走。你可以運走它，讓他們付錢給你！你幫他們解決了麻煩。

最近我們有位客戶付給我們一大筆錢，因為我們幫她解決了公司銷量低的問題。我們運用了所知的扭轉銷售失敗的方法，她的問題便迎刃而解。

我們曾指導過一個叫查理斯的商業顧問，他希望我們幫他「行銷」自己。

「我需要更好地行銷自己的顧問公司，也許需要多發一些傳單，也許是更好的網路宣傳，也許還可以建立一個宣傳DVD和一個上門推銷系統。你們能幫忙嗎？」

「當然，但你為什麼要那些行銷內容？」

「這樣我就可以行銷了啊。」

「你為什麼覺得自己需要行銷？」

「每個人不都一樣嗎？希望得到新客戶！」

「為什麼你想要新客戶？」

「好讓我的事業發展。」

「發展方向呢？」

「賺錢！我不知道你到底想說什麼！」

「要是你能從現成的客戶和他們推薦的人那裡賺到錢，你不就能取消所有這些花錢的步驟。實際上，這些步驟本來也沒什麼效果。」

就像很多人一樣，查理斯總以為需要新生意、新客戶、新財路才能幫助他發財。他們不知道建立財富的最快辦法，是利用那些他們已經創造好的關係網。他們整天都想著改變方向，追求新顧客，以為這樣做就是聰明的行銷手段，卻不知這是很差勁的行銷。因為他們這樣做，不能解決任何人的麻煩。

我們問查理斯：「你過去和現在共有多少客戶？」

「十五個左右。」查理斯說，而且他有很長時間都沒接到顧問工作了。

「最快的致富方法是利用這十五個人，打電話給他們，傾聽他們，拜訪他們，讓他們告訴你他們的麻煩和困難。記好筆記，問一些問題，真正去瞭解他們的麻煩。」

「就這樣？」

「不，你還要帶著他們的麻煩坐下來思考，提出可行的解決方法，然後把這些解決方法變成你交給他們的建議書，這樣他們就會知道你能解決他們的麻煩。**創造財富最快的方法就是找到一個有麻煩的人，解決他的麻煩。**」

「那行銷呢？」

「只要你能解決夠多的麻煩，你就永遠不需要行銷了。你的客戶會把其他有麻煩的人也介紹給你。」

很多人一起床就開始想著該如何賺更多錢，但那樣沒用。如果他們一起床就去找其他人的麻煩，那才能賺到更多錢。

062 向不同行業學習致富之道

一個成功的經濟體系仰賴有錢人的增值，仰賴勇於冒險者所創造出的巨大社會階層，他們願意捨棄舒適生活的簡單途徑來創造新企業，賺到更多收益，並再次投資。

——美國科技理論家　喬治．吉爾德（George Gilder）

即使你現在沒有經商，也應該問每一個你認識的經商者他們的生意如何。問問市場狀況、他們的生意如何運作、他們碰到的難題、他們生意的出色之處，只是為了瞭解。

山姆說：「我在經營中獲得的很多進展，都是透過問其他人如何經營得到的。瞭解他們哪些做得好，哪些做得不好，從而指導我能從中學到什麼。即便是那些經營狀況不理想的人，他們給你的訊息也很有指導性。」

山姆記得幾年前曾和一個開健康食品店的人聊天。不幸的是，這個人被困在「我做什麼都無濟於事」的狀態中，一副受害者的模樣。山姆詢問他有關健康食品行業的問題，老闆跟山姆講了無數關於雜貨店現在都開始賣健康食品的事例，他認為自己完全無法跟雜貨店競爭。但他卻沒看到這正是專注於提供其他服務的良機，諸如送貨上門等雜貨店無法提供的服務。

「那時候，我們正好請了一家公司每週送有機食品來我們家，」山姆說：「那就是他們獨特的服務。本地卻沒有一家公司提供這種服務。我就奇怪為什麼這個人不能去送有機產品，提供商店到家庭的點對點服務，做些大雜貨店不會做的事。所以在我拜訪他之後，我很受啟發，即使當時他的生意每況愈下。」

這種交流讓你總能啟動一種相互「授粉」的效應。其他公司可能正在做你不會做，甚至整個行業都沒人在做的事。即使你去行業聯合會或加盟店會議，讀專業雜誌或瀏覽專業網站，你都找不到那些經驗。但在不同行業裡卻有人那麼做，如果你能把這些經驗運用到自己這一行，也許就會有突破。所以，**無論拜訪什麼公司都問一些問題，問題能把你引向財富和靈感**。

史帝夫經常外出演講，登記入住酒店時總會問經理們一些問題。他發現有些連鎖酒店學習了航空公司為常客提供里程數折扣後，決定開始在他們自己的「常客」計畫中回饋忠實顧客。恐怕他們即使花幾十年時間在自己這一行中尋找，也想不出這樣的點子。

只有當你向其他商人問問題後，這種事才會被你發現。不過有個警告，當你問問題時，他們會開始講些阻礙他們發展與成功的事，不要相信他們，不要被那些事引誘，你可不想染上「受害者病」。當一個商人告訴你他如何受害的故事，你一定要確定走之前和他擺脫關係。

無論去哪裡都問幾個問題，這樣你就會情不自禁地開始學習，就像偉大的激勵導師吉姆·羅恩說過的：「學習是財富之始、健康之始、靈魂之始。尋覓和學習，奇蹟終將出現。」

063 別讓啟動資金成為第一塊絆腳石

當你窮盡了所有可能性，記住，還有其他可能性。

——美國發明家 湯瑪斯・愛迪生

我們不想弄得好像在勸導你說：「睡覺也能發財，一點本錢都不用！」但其實，你確實不需要啟動資金才開始賺錢。

有份報紙評價我們的《九個謊言》（*9 Lies*）一書時說：「其中一個謊言似乎有點誇張。因為裡面說你應該對顧客好，多給予，在他們身上花錢，還說你不需要本錢來賺錢！但如果你不需要啟動資金來賺錢，又從哪裡找到錢，花到顧客身上呢？」

透過出售你的服務！

現在大部分最成功的公司即使需要啟動資金也為數不多。賴瑞・法瑞爾（Larry Farrell）是企業行為方面的權威專家，他說，現在一個典型的創業公司啟動資金不高於一萬兩千美元，大部分小公司甚至只靠一張信用卡起家！

我們輔導的很多學員都進入了各種顧問行業：健康顧問、私人教練、人生教練等等。有些人接受了湯姆．彼得斯的建議：「從你工作的公司裡辭職，然後讓他們把你請回去當顧問。」他們的公司起步不是靠找到啟動資金，他們是從尋找第一個客戶開始！然後，他們坐下來和顧客商討提前預付一年的服務，這就是他們的啟動資金，源於一個已經存在的顧客。所以你需要有顧客才能賺錢，而不是啟動資金。

我們最近指導的一個人，信用度很低，但她需要拿到一定數量的錢，好把她家門口的兼職小生意搬到真正的商務辦公室裡。最終她向客戶們提供了一個提前支付計畫，讓他們提前預付一年的錢。當然了，她是在找自己借錢，但這也比借不到錢好。所以整個「我需要啟動資金來賺錢」的說法都是錯的。**你僅僅需要肯賣東西，就能賺錢。因為賺錢本來就是這麼回事。你不妨乾脆一開始就這麼做！**

如果你是從某個投資者手上拿到錢，誰知道你能不能把它變得更多？但如果你有能力讓最初的客戶們把錢預付給你，那你肯定能成功。不管怎樣，賺錢都比借錢或得到投資更為容易。

064 只要比別人領先一點點

我們的進化不是靠夢想中的巨大進步，而是努力用行動參與，在一個不斷擴大的視野中，一小步一小步地不斷前進。

——美國心理學家 納撒尼爾・布蘭登

在高爾夫球比賽中，如果你能一桿險勝，就能得到幾百萬美元的獎金，但第二名就只能得到一個零頭。生活需要的也只是一桿險勝。很多人以為需要很多，於是憂心忡忡，他們認為自己需要比其他人出色很多才能成功。但事實是，你只要一桿險勝就夠了，輕輕揮桿就行，只要比其他人更受顧客青睞一點。如果你在公司想得到提升也是一樣，只要比另一個人討人喜歡，只要一點點就足夠。如果你在工作中多投入一點禮貌或善意，而別人沒有，你就能贏。

你做出的這些小改變會令你領先他人一步，當其他人還在掙扎著想成功，想改變卻不能時，你就能超過他們。只要你注重做出的改變就行，愈小愈好。

億萬富翁華倫・巴菲特（Warren Buffet）說過自己在經濟上的成功是因為：「我不期望能跳過七尺的橫桿，我四處尋找能邁過去的一尺橫桿。」

065 主宰你的時間

珍惜時間者得永生。

——美國律師 彼得・梅嘉吉・布朗（Peter Megargee Brown）

一桿險勝意謂著要安排好你的時間，讓你安穩地站在球的前面時，腦海裡只想著那一桿。就是這一點讓老虎・伍茲（Tiger Woods）在高爾夫球場上獨一無二。其他人站在球前，腦子裡會同時想著十件不同的事情：我落後了多少？這是正確的球桿嗎？我如何忘記剛才那糟糕的一洞？伍茲不一樣。他只做一件事。他只擊出一桿好球，就這樣。

很多人在這個混亂高速的世界裡，讓我們教他們如何管理時間。我如何才能更好地安排時間？我如何做完每件事？要是事情太多我怎麼辦？而伍茲和這些人都不一樣，他用的是終極時間管理系統，這個系統的全部內容就是揮桿打擊你眼前的這個球。

湯瑪斯・默頓（Thomas Merton）是個修士、宗教學家、詩人，一次意外觸電結束了他短暫的人生。但在這之前，他寫下的著作超過五十本。諷刺的是，他的死因卻是試圖同時做兩件事：走出浴缸和調整一個沒放穩的電扇。

但他那些陶冶靈魂的書，現在看來也非常棒。我們特別喜歡默頓批判同時做太多事的這段話：「讓自己被幾個互相衝突的擔憂所影響，在太多要求下屈服，讓自己承擔太多事，想在所有情形下幫助所有人，這些都是屈從於暴力，甚至是在配合暴力。活躍分子一旦過激，反而會阻礙他所追求的和平，毀掉他內心對和平的追求甚至他自己的努力，因為那種行為扼殺了能讓他的工作富有成果的根源，就是他的內在智慧。」

史帝夫永遠都不會忘記那個在講座後去找他的女子。她拿著一本史帝夫寫的《改造你自己》（*Reinventing Yourself*）站在他面前。這本書當時教室裡人手一本。她說：「我覺得這個書名非常冒犯我。」

史帝夫就問：「它怎麼冒犯你了？」

她說：「呃，這讓我覺得是我自己有問題，好像我得改造自己。為什麼我要那麼想？為什麼我總要改善自己？我真的需要嗎？」

「不，你當然不需要。你只要讀了這本書，就會看到書裡的前提是，當他們有勇氣發現自己完全沒有問題時，他們才能更快改造自己。這就是開心改造的第一步。」

大多數人參加我們的輔導談話和培訓講座時，都帶著他們列出來的單子，寫著自己的問題，其中包括許多挑戰個人極限的問題。因此，當他們有勇氣真正打心底裡承認他們沒有問題時，他們才能真正成功；這時他們才能以一種新穎的發展方式自我改造。但是通常，人們很難突破這一點。

美國第三十二任總統羅斯福的妻子埃莉諾・羅斯福（Eleanor Roosevelt）說過：「沒經過

我的允許，沒有人能讓我覺得低人一等。」這就是主宰者的態度，這就是為自己的靈魂做主。這也是時間管理的關鍵！

無論何時，你不是主宰者就是受害者。主宰需要很高的意識，能夠看到完整的圖景。而另一方面，受害者的心態會讓你成為周邊環境的受害者，過不了多久你就會被太多要做的事徹底淹沒。你完全沒時間去完成這麼多事情。

但當你處於主宰地位時，心理上就會處於主動運用終極時間管理系統的地位，每次只做一件事。當你處於受害者地位時，你卻被一堆事物壓倒、淹沒。

受害者會說：「我快被淹沒了，被壓倒了。整個世界對我的要求太多。他們不知道我一天只有二十四小時可以用嗎？我手上有太多事，卻沒時間做！」

諷刺之處就在這裡。你選了受害者的位置，然後坐在那兒光想著要完成任務。假設你的下一個任務是打電話給約瑟夫，跟他講一個即將開始的專案。如果你是受害者，你的腦子裡就會想：「我得打電話給約瑟夫，但我還有大概五十件其他事情要做，至少有三件是要在二十分鐘內做完的。不過不管怎麼樣，我都要打電話給約瑟夫，所以，當我打電話給他時，我腦子裡還惦記著那三件事，跟他談話的時候我也總會不斷想著這三件事。」

現在約瑟夫在跟你講話，你回應他的話，記了一點筆記，然後約瑟夫跟你說了什麼，但這時你的腦子已經轉到了另外那幾件要在二十分鐘內做完的事情上去了。你並沒有真正地專注起來，你和他的討論沒有任何進展，最終你們都很沮喪地說：「我們下次再談吧，下次再來解決這件事情。看來這件事我們得多談談，不然下週吧？也許更接近活動時間時，我們能做得更多。但我會發信給你，或是你寄信給我，這是我的信箱。過一段時間我再聯絡你，我會發給你一些東西，我們遲些再繼續這件事。」

這段對話，因為沒有達成目標，浪費了時間，這全是因為你談話時不夠專注。現在你推遲了本該在這段談話中完成的事情，就因為你腦子裡事情太多，不能放鬆下來和約瑟夫交流，最終結果還是不能完成你該完成的項目。

現在，和約瑟夫預約的未來談話又加入了你待完成事項之列。它在你腦海中排隊，現在這條隊伍已經超級長了。你每天腦子裡會記著「我需要和約瑟夫一起完成這件事」，這會消耗你的能量，很可能讓你下一個任務也無法按期完成，也很可能會遭遇和你跟約瑟夫的談話一樣的結果。過不了多久，你所有活動都會變得片片段段、難以結尾、不夠完美、無法輕鬆以對，就像之前那次試圖完成卻失敗的對話一樣。

我們把這段對話單獨羅列出來，因為這在日常生活中非常典型。如果我們總是站在受害者角度考慮問題，也許一天真的會發生五十次類似的事情。特別是當你想著：「我被淹沒了，我被壓倒了，我有太多事情要做。」這種受害者心態就是效率最低的時間管理系統。即使你有很長的任務清單和很多事情要分配給別人做，它仍然會一團糟，因為亂糟糟的是你的內在，而不是清單。你的腦袋裡裡外外都一團亂，思緒四處亂跑，想一口氣做完所有的事。

還有另一種方法，另一種體系，叫「只做一件事」。終極時間管理系統就是每次只做一件事，就像站在高爾夫球前方準備揮桿時，只想著必須如何揮好這一桿。這會讓你成為贏家。

人們總說：「只做一件事！要是真的這樣就太好啦！」

但讓我們放慢腳步來認真想想。還記得你放一天假時的情形嗎？醒過來時發現那天只有一件事要做。你從床上起來，唯一要做的就是去商店買張賀卡。因為你要在那天為某人買張生日卡，並寄出去，你只需要做那一件事。想像一下那種感覺，想像一下那將會多麼美好；放鬆、美妙，幾乎就像是你可以主宰全世界。只有一件事要做！你可以想什麼時候去買那張卡片就什麼時候去。你可以慢慢享受早餐，坐在水邊遠眺，散散步，全部準備好後才開車去商店。

你走進賀卡區到處看看，想著要過生日的這個朋友，然後你找到一張很好笑又令人印象深刻的賀卡，你知道你的朋友一定會喜歡，這讓你想到你和他以前一起做過的某件有趣的事。你開車回家，小心地在卡片上寫一段話給你朋友。你希望令他感動，讓他開心。你把卡片裝進信封，寫好地址，貼上郵票，然後放在前門小書櫃邊。你知道明天就會把它寄出去，於是你的任務完成了，你做完了今天唯一的一件事。

也許一週之後，你會接到朋友的電話，說：「嘿，那張賀卡太棒了，很搞笑，收到它真是太美妙了。謝謝你花時間去挑它，你真有心。」你們的友誼就這樣得到鞏固，感覺很美妙。

只做一件事就會有這樣的結果。如果我們每天都這樣生活呢？如果我們每天都只有一件事要做呢？生活將會多麼美好！如果我們在繁擾混亂的那天只有打電話給約瑟夫這件事要做呢？

讓我們回到那一刻，看看那段對話會變成什麼樣。你正準備打電話給約瑟夫。這次你準備了一些筆記，拿了一些檔案，列印出幾封電子郵件，坐在它們面前，覺得一切井然有序。打電話前，你深吸一口氣，考慮了一下，然後坐在一張舒服的椅子裡，開始打給約瑟夫，問他現在是不是有時間說話。

約瑟夫說：「當然。」

你說：「很好，我們再走一遍這個，確保能搞定它，就不用再預約別的時間了。」

約瑟夫說：「那太好了。」

在很放鬆的狀態下，你們討論了所有想討論的問題，雙方很認真地聆聽，腦子裡只想著這段談話。整個世界裡只有這一件事要做，就這一件事存在著。你徹底地放鬆下來，和他一起想出了極好的點子。當你掛掉電話時，感覺棒極了，就像你乾淨俐落地擊出了一桿漂亮的高爾夫球。就那一擊。現在你從椅子裡站起來準備好做下一件事，不管下一件事是什麼，你都知道它是你今天要做的唯一一件事。

挑一件事並好好做，只一件事，全神貫注，加上你全部的注意力、全部的創造力，完成它，然後綁上蝴蝶結，當成做好的禮物寄出去。接著，再走向你的下一件事，也許下一件事就很輕鬆，你只需在下一件事到來之前喘口氣，感謝上蒼讓你可以活著就夠了。

一件件地做這些事，也許再下一件事是花個十分鐘計畫未來，不久之後你的未來就會進化，像一朵美麗的花苞正徐徐綻放。人們會因為做好一件事，而得到獎賞。

066

你不必準備好一切才出發

以前我畫畫像拉斐爾，我花了一輩子學會畫得像小孩子。
——現代藝術創始人　巴勃羅．畢卡索（Pablo Picasso）

伊萬傑琳想向一家大型公司提供培訓服務，這家公司的老闆詹森是她在陪孩子上學前班的時候認識的。那家公司是全美最大的公司之一，她知道只要能和他們簽到合約，就有很長一段時間都不愁吃穿了。但當她打電話來時很不開心，她對我們說：「我不能接近詹森先生，我還沒準備好一切。我不能讓自己去見他。」

「這讓你有優勢啊！」

「這是什麼意思？」

「這樣你可以展現出最真實的一面啊。你可以現在就去，表現得很有吸引力，打電話跟他說：『我得告訴你我還沒完全準備好，但我想見你，我不知道自己在幹什麼，也許是瘋了，我想告訴你的這件事也許會讓你把我趕出辦公室，但我只需要占用你十五分鐘時間。』」

「哇，那我到了那裡該怎麼做？」

「你可以說：『我完全不知道該怎麼說，所以就直說了。我有培訓你所有員工的技巧和經驗，我可以大大改善你們的工作效率。我只需要一個付費的引導課程，你去旁聽，我保證絕不會浪費你一分鐘時間。』」

伊萬傑琳啞口無言。

「聽著，你到底是不是已經下定決心要為那個人服務了？」

她說：「喔，是的，我願意為他終生服務。」

「很好，去告訴他這一點，然後從那裡開始。你不需要準備好一切，這不是膚淺的人心操控術，你只需要和他溝通，人性化地溝通。不管有多奇怪，只管進去，然後做事吧。」

伊萬傑琳開心了起來，以前她一直相信只有做到精益求精才能找人收錢，但人們都很匆忙，她想見的那個大公司老闆詹森先生會欣賞她出現在他辦公室的速度。

她冒了個險，直接去找他，她願意展現出自己的脆弱和真實。他的心則因為她想改變他員工的熱情而融化，於是立刻答應引導課程的要求。

伊萬傑琳說：「我真的很高興自己能做引導課程，沒有過多準備就走進去其實挺難的，但我用熱情說服了他。」

你不必準備好一切才出發，不用總是提前準備好你的技藝或台詞，只要相信最基本的那種孩童般的純真，真正下定決心要服務對方。深切的服務渴望總是能打動人，不管你怎麼表達。

就像偉大的德國哲學家、詩人歌德（Goethe）所說的那樣：「只要學會相信自己，就知道如何生活了。」

067 在競爭對手的基礎上改進

正規教育讓你找到工作，自我教育才能讓你發財。

——美國成功學作家　吉姆・羅恩

很多人樂意透過不斷試試和犯錯去嘗試冒險的賺錢機會，但當他們跌倒時，卻不明白到底是怎麼回事。他們沒有意識到，其他很多人也走過這條路，那些人已經知道結果會如何，現在他們知道什麼該做、什麼不該做。

所以，如果你能梳理研究網站和文章裡那些和你相似的成功經營案例，就能極大地幫助你實現財富增長。因為人們成功後，會對他們的成功過程非常激動，迫不及待地想說出他們的經歷和知識。

看看其他人在他們網站上發表的東西吧，他們提供了什麼？收費是多少？如何運作？他們已經做過功課了。如果你遇到一名成功人士，問他一些問題，他就會告訴你自己的成功之道。

山姆經營過音樂舞蹈工作室，他曾經參加過全是跆拳道館老闆的研討班，因為他在自己音樂舞蹈工作室領域已經沒東西可學了。所以他報名參加跆拳道館研討班，看看能不能學習到一些自己可以用得上的經驗。

主持人要班上的每個人自我介紹，而且一定要說出自己有多少學生、有多少淨利。大部分人都說，我有一百五十個學生、我有一百個、我有三百個、我有兩百五十個，都是這些典型的數字。輪到山姆時，他說：「我有三千個。」大家都盯著他看。

你以為休息時，每個人都會跑過去問他：「你做了什麼？你怎麼做的？你是做了直效行銷嗎？」但事實上他們什麼都沒說，什麼都沒做。滿屋子的跆拳道館老闆都太自我中心了，他們只想著：「這個教跳舞的傢伙能教我什麼？」

山姆說：「他們都坐在那裡想著：『我可以把這人狠揍一頓！所以我才不在乎他比我成功呢！』」但山姆想的是：「我可以雇其中五個人把另一個人狠揍一頓，所以……誰更危險？」

放棄這種自我中心的思維方式，不要認為只有用自己的智慧才能成功。停止這種想法，你應該想：「那個的確不是我想出來的點子，那又如何！這並不意謂著它就不是個好點子，不能為我所用。」

自我意識阻止了人們讓別人幫自己做功課。但如果你看中成功大於面子，你就不會在乎點子是不是你自己的。當你去銀行存錢的時候，銀行才不管你這些錢是全靠自己賺到還是有人幫你，他們只想很快地幫你把錢存進戶頭去。

068 付出總會有回報

從前有個人，大家都說他是瘋子；他給得愈多，得到的也愈多。

——英國布道家　約翰．班揚（John Bunyan）

如果你很出色，就向別人展現你自己；如果你的產品很出色，就給人機會去體驗。別太小氣，堅持給予。因為你給得愈多，得到的也愈多。

如果你自然而然地就想到匱乏，你就會關掉錢財流入的閥門。但是，**如果你愈能夠在你的員工身上投資，回報社會，你就愈能讓錢財快速流進流出，就會更快獲得財富**。

在上文提到的《九個謊言》中有一小段，我們簡短地討論了「主宰者—受害者」現象，因為之前已經有一整本書是寫這個問題，所以我們打算告訴讀者，如果想深入瞭解這個話題就發電子郵件給我們，我們會免費寄一本給他們。我們張開雙手饋贈，沒有任何隱藏的意思。

很多人都發電子郵件給我們，我們就這樣寄給他們那本書。透過這個行為，我們獲得了之前從未預料到的更多講座和輔導合約。而我們腦中想的只是給予。

給予總會有回報。

偉大的俄羅斯精神導師葛吉夫（Gurdjieff）說過：「幫助別人，你就能得到幫助，也許是明天，也許是一百年以後，但你終究會得到幫助。天性使然，必須報恩，這是數學原則，而人生就是數學。」

069

晉身富翁之列並非遙不可及

你能賺到的金錢數量沒有止境。如果有限制，限制只存在你的腦海和感情中。

——英國勵志作家　史都華．韋爾德

在二十世紀五〇年代，變成百萬富翁是個遠大而美好的夢想，甚至有個電視劇就叫《百萬富翁》，誇讚一個有錢有勢的超級英雄，就因為他是百萬富翁！如今，「百萬富翁」這個詞和它的含義都沒有改變，但做到這一點的困難程度大大改變了。

世界一直在變，在變得更好。一百年前如果人們討論從美國去歐洲，那會是一場非常艱辛的旅行。你得坐船，時間漫長又辛苦。但現在，雖然歐洲和美國還在同樣的地方，在兩處來回容易了一百倍，而價格只有以前的十分之一。但很多人仍然帶著那種心理障礙，害怕在兩個大陸間穿梭，所以他們從未去過歐洲，也從未去過西班牙。

山姆最近碰到一個人，那個人跟他說：「哇，你是個百萬富翁？哇！」

山姆回憶著說：「我拿下自己的眼鏡，呵了口氣在上面，然後擦了擦說：『事實是，它沒有想像中那麼誇張，但我喜歡製造這種神祕感，其實很多人都能做到，世界上有幾百萬個百萬富翁呢，所以你也絕對可以，不要以為它就是個遙不可及的目標。』」

那個老電視劇《百萬富翁》在黑白電視時代就很流行，劇裡的主角是個百萬富翁。就因為他是個百萬富翁，他的財產看上去用之不竭。在每一集裡，他都會出現在某種淒慘的場景中，通常是有人很窮困，而他會給他們錢幫助他們。這部在暗示：這個世界上只有一個百萬富翁！因為我們只有一個超人，只有一個獨行俠，所以只有一個百萬富翁！

麥克·邁爾斯（Mike Myers）就在《王牌大賤諜》（*Austin Powers*）電影中嘲笑了這個關於一百萬的神祕感。當時邪惡博士用手戳著臉頰說：「我們會向他們要求一百萬美元！」這句話的笑點在於，如果你想威脅整個世界，一百萬美元就顯得太少了。每個人看到這裡都會大笑，這個笑話說明，錢財真的變得更加不值錢了。

現在一百萬只是個小數字。

最快成為百萬富翁的捷徑之一，就是不要讓這個神祕的一百萬嚇倒你。你就是個百萬富翁，那又怎樣？你滿足嗎？你開心嗎？那才是真正重要的。（而諷刺的是，滿足和開心通常就是通往百萬富翁的途徑。）

070 好的談判要避免雙贏

如果你把自己的選擇限制在可能和有理的範圍內，那就切斷了和你真正所求之事的聯繫，剩下的只有妥協。

——美國管理諮詢家　羅勃・弗利慈（Robert Fritz）

這裡要談的重點是，不要藉由降低你的收費或給他們「折扣」來「幫助」每個人。如果你能提供很好的服務，他們本身就已經贏了，你不用再多贏一次。

如果你自己很出色，他們和你坐下來就已經贏了。不用透過打折幫他們省錢而再讓他們贏一次。如果你正在為一個服務合約討價還價，不要壓低價格以順應他們的要求，然後自我欺騙地想著：這就是「雙贏」。

因為如果你提供的服務有價值，他們本身就已經贏了。他們和你合作已經是勝利，不用再幫他們加碼。你應該自豪地站穩，讓自己也贏。因為他們和你做生意本身就是勝利。

我們認為吉姆・坎普（Jim Camp）是美國最偉大的談判教練，他寫了一本出色的培訓教材《一開口，就說不：談判必勝十四策略》（*Start With No*）。他認為好的談判要避免雙贏。總是賣出你自己最值得的價格，才是對雙方都好的結果，當然也能保證更好的服務。

在很多情況下，「雙贏」都應該換成「退縮」，我給他們打了折是因為我真的「需要」成功；於是我妥協了，我把金錢等同於生存，我以為它是必需的。

「雙贏」其實常常意謂著「膽小鬼」。

071 別為了省錢而浪費賺錢的機會

我認為我給年輕人的那些存錢建議是錯的。我在四十歲之前一分錢都沒存過。我會進行自我投資，投資在學習、精進技能和準備上。那些每週把錢存進銀行的人，把錢投資在自己身上會更好。

——美國汽車製造商與企業家　亨利・福特

人們會為了省錢而覺得「花錢」有罪惡感。他們會花大量時間精力研究超市折價券，好省下區區四點五美元。**這些精力本來可以用在創造金錢上，從這個世界中召喚出一些財富。**

我們不是要說你應該當個傻瓜，花不該花的錢，但是把存錢或抓住錢不放當作你最基本的致富目標，無論如何都很危險。首先，它會讓你相信一切都很稀少，讓匱乏成為你信仰系統的一部分。我只有一百塊大理石，所以得確保沒有給出去太多，因為數量只有那麼一點，我得緊盯著每一塊大理石的用途。我不想失去我的大理石。

其次，它會讓你忽略更重要的機會，那就是賺錢。我們有個朋友，他是個顧問，我們叫他華倫，他有一份很好的執行經理的工作，平時還為大公司老闆做兼職顧問，他顧問的平均費用是四百美元一小時。但就是這樣一位一小時收入四百美元的人，會在週末毫不猶豫地花費兩小時去尋找草種，只為了省下五美元！他會去看一家店裡的草種，然後花整個上午開車去另外四家店。當最終找到便宜五美元的草種時，他會高興地歡呼：「我剛剛省下了五美元！」

如果他把那其中一小時花在電話諮詢上，可以多賺三百九十五美元，但他看不到這一點。他認為金錢很稀有，這讓他無法賺到充裕的錢。即使他把從一家店衝到另一家店的時間用來陪自己的女兒，也會在下週工作時更開心、更成功。也許省下那區區五美元對他而言很有趣，但我們仍然認為華倫還是帶著一套錢財稀有的思維經營自己的生活，這阻礙了他獲得無限財富的腳步。

人類是財富的創造者，否則他們就沒有任何存在的意義。所以花半天時間，省下五美元對你的大腦來說可不是什麼明智的舉動。

當我們向華倫指出他完全可以賺到更多錢時，他說：「是啊，但我不可能整天都工作。」好吧，那也對，如果你省錢只因為那樣好玩又能讓你獲得滿足，你很清楚自己這樣做的原因，僅此而已，那我們很難反駁你。但華倫並沒有如此輕鬆愜意地四處尋找草種，他很嚴肅。在他開車從一家店去另一家店時，你甚至能看到他脖子上根根暴起的青筋。華倫在找到更便宜的東西之前，總是充滿壓力和焦慮。

山姆家裡請了個女傭每週來打掃，當人們問他：「哇，你怎麼能請得起呢？」山姆回答：「要是沒有清潔工，我付出的代價會更大。請清潔工可比去婚姻諮詢便宜得多。經濟上最明智的選擇，就是想辦法賺到更多的錢，要比付給清潔工的多更多。」

072 把你的產品賣給有錢人

光忙碌不夠，螞蟻也很忙。問題在於我們為何忙碌？

——美國哲學家　亨利．大衛．梭羅（Henry David Thoreau）

最近有報告顯示，北美有百分之二十的人擁有百分之四十七的可支配收入。那意謂著五個人之間，只有一個人真的不擔心你的定價，只要他們想，就會買你的產品。

如果你準備開始做生意或提供服務，不要忘了，可以把你的服務專注於這一類的消費者身上。而很多人卻沒有意識到這一點！

接受我們輔導的人經常會問：「我得對整個市場公平，不是嗎？難道我不應該希望整個市場都能買到我的貨品嗎？」

為什麼要公平？難道你是公共服務機構？是政府機關？你真的必須保證讓每個人都能買到你的產品嗎？

如果你想要銷售自己的技能或偉大的產品，還不如直接去有錢的地方。從沒錢的人手上賺錢，會特別困難。

當我們培訓我們的客戶卡洛琳時，她才剛開始做健身教練。我們讓她形容一下理想客戶的樣子，他住在哪兒？年紀多大？他會多久來一次？他喜歡什麼？

卡洛琳說：「我不知道，我不在乎，我只想要客戶。」錯了！

卡洛琳沒有理解，她可以跟發展自己的健身事業一樣，既有創意又聰明地找到正確的客戶。最終，當我們花了一些時間幫她決定理想客戶應該是什麼樣子後，卡洛琳的事業終於有了起色。她想出一些激動人心的點子來開展她的生意。她從自己已有的客戶名單開始，創建出一個強大的推薦系統，從而不再需要廣告、行銷、關係網或懇談。

透過專注於那些有很大可能願意支付並付得起她服務的那些人，她避開了那些希望服務所有人才會碰到的麻煩。你也可以這麼做。

073 生意不是愈大愈好

忠於細節，因為它們才是你的力量之源。

——天主教慈善工作家 德蕾莎修女

記住，愈大不一定愈好，它只是大而已。

我們有個朋友叫皮耶，他是個資訊技術培訓團隊的主管，在一間租來的小辦公室工作，卻成功地培訓了大公司的工程技術部門。

但不久，皮耶想做得更大，為擴張而擴張。大人物們不都是那麼做的嗎？他開始計畫買一棟大樓，他被公司成長的美夢所吸引，卻忘了照顧好現有的客戶群。

當你去找皮耶談對客戶的擔憂時，卻看到他辦公室裡堆滿了建築師的草圖，你想把他拉回到當下這一刻，他的腦子卻總裝著未來。

他不再盡力挖掘自己現有的工程技術培訓大師、課程設計師和顧問們，卻開始雇用一些普普通通但很快能記住並重複那些培訓內容的人，好讓他的事業更壯大、發展更快。

皮耶以為把他的生意擴張到一棟更大的樓裡就會更好，但更大不等於更好。不久，他的更大計畫變成了一場災難，培訓品質明顯下滑。過了不久，他最出色的培訓師們開始離開，他們看到公司賺的錢都投到新開的那些分部裡，客戶們開始抱怨並不再回頭購買他們的服務。沒過多久，皮耶就經歷了自己親手創造的失敗。他最出色的員工都離職了，他最好的客戶們也走了，就因為他以為更大就會更好。

做小公司有很多優勢，你可以更迅速地行動，花更多精力在顧客身上，你可以更徹底地瞭解他們……這個單子很長。

所以當你擴張時，要確定你不會失去所有這些優勢！因為大真的只是大而已，並不意謂著更好。事實上，大部分情況是它只會更糟！

記住供需法則。當你擴張時，就會違背這個法則而導致供過於求的危險。要是真正想在你的小生意中成功，你就要達到供不應求的程度。這就是致富之路，因為這樣你就能用漲價來應付需求了。我們的建議是，先保證高利潤的客戶，然後再考慮擴張。

確保你隨時都記著供需法則，它一定會幫助你。忘掉它的話，就會像在摩天大樓的樓頂散步，一不小心忘了還有地心引力，跌落下去，摔得不輕。

供需法則就是海邊房產會那麼貴的原因。因為靠海的地方只有那麼多，而需求卻不斷增長。這也是鑽石那麼貴的原因，因為只有那麼多可供購買。

如果你擴張過快，那你的服務就不再是鑽石，也不再是海邊樓房了。你供應的太多，最終只會讓人轉投別家。你可不想隨時有貨，你想要限購，只有限購才能增值。你擴張得愈快，就愈容易失去優勢。供不應求才會讓人血脈賁張，在「售罄」或「只剩站位」這些詞中永遠蘊含著激動人心的潛力。

如果你全家去迪士尼，卻沒人跟你們一起玩會怎麼樣？那種體會還一樣嗎？雖然人們十分痛恨排長隊，他們還是會把迪士尼稱作「地球上最快樂的地方」。那種感覺很大一部分是因為，遊客感覺全世界都想去玩，而迪士尼幾乎承擔了那些需求。

哈雷機車則是在賣光了車、只能讓潛在消費者排進等待名單之後，利潤才開始暴增！

你需要不斷問自己，為什麼我想有自己的公司？你的答案大概不是控制權就是自由。你的生意愈大，控制力就愈弱。不久你就得找合夥人、團隊領袖和那些每天不斷監督你怎麼花他們錢的人。很快地，你的獨立自主權就消失了，你得花所有時間和精力讓其他人滿意！

為什麼？就因為你以為更大會更好。

所以，維持你想要的小生意，讓它總是擠滿了想要得到你服務的顧客們，這樣你才能保持高昂的價格，選擇自己想要的客戶，而不是為了自己的需求接受所有客戶。當你盲目擴張時，你製造出的是各種不同的新需求，最後讓自己忙成一團，失去焦點。

把你的生意根植於你想要的願望中，而不是你需要的，你就會意識到，小即是美，用不著擴大規模，就能利潤倍增。

074 現在就賣點什麼吧！

人人都是銷售員。不管你的工作領域是什麼，你都有客戶，都需要賣東西。

——美國行銷專家 傑・亞伯拉罕

在過去幾年中，我們輔導過的一些客戶有過一些絕佳的行銷點子，但問題在於，他們並沒有賣出去什麼東西。**如果你不能賣出東西，就不能把點子轉化為財富**。

當山姆和瓦爾剛開始做小音樂工作室時，他們沒有找到合適的商業地產。於是他們在社區中心租了一個房間開始創業。他們花二十五美元在那裡放了張桌子，甚至連上課的教室都沒有！但在他們分發一些傳單之後有七個人出現，他們告訴那些人要想開始在音樂工作室學習，就要繳納二十美元報名費。這些人很爽快地答應了：「我們要今天就報名，好讓你馬上開始教課。」於是現在，他們有一百四十美元了。

山姆回想起：「要想開始做生意，現在就要賣點什麼出去。我們不能讓它晾在那兒，就像某個停留在未來的點子。」

我們認識的很多人都想開始新的冒險，但總把它推遲到以後。因為他們擔心要收顧客的錢，所以不停反覆思索：「我還應該和誰合作？我需要先去什麼學校弄個證書嗎？」他們不斷自我設限，好拖延產品開始販售的期限，推遲決定命運的時刻。但他們需要現在就賣點什麼才能啟動它。他們必須現在就做，馬上開始為產品收費，好衝破這一個心理障礙。

史帝夫教過一個年輕的顧問德魯，前兩天他說：「我開始教學員前，需要做什麼？」他已經具備多種顧問能力，於是史帝夫說：「你需要現在就開始提供輔導，讓人給你一筆聘金。」德魯說：「噢，那麼做我會很不安。我還沒準備好。你覺得我需要拿個什麼證書嗎？外面不是有很多顧問學校可以授予我證書？」

「你當然可以去拿個證書。但山姆和我培訓過數以百計的公司，其中超過二十個是世界五百強的公司，沒人問過我們有沒有證書。你的培訓結果就是你的證書，只需要去做！現在就拿起電話開始讓你的事業啟動。一旦他們知道你有多出色，你就能讓他們付錢購買服務了！」

德魯需要讓客戶寄給他第一張支票，因為在那之前，他永遠沉浸在夢想和希望之中，沒有成為現實。他在心裡築起了一道不必要的牆，將自己與成功隔離。

當山姆還在上門推銷時，銷售團隊總是會談如何「破冰」。**他們得在銷售第一筆前先破冰，一旦那麼做，成功就會容易得多**。

有些人總是談論房地產投資，他們會研究各類房產資訊、聽五十多個相關講座、聽錄音節目，卻從未買賣過任何一個房產。他們認為透過這些皮毛，自己就可以成為房地產投資專家。但你光看電視上的橄欖球賽，說裁判是個白痴，就能變成教練嗎？

現在就去賣點東西吧。

075 始終處於尋找機會的狀態中

有時我們盯著關上的門太久，當注意到另一扇門打開時，已經太遲了。
——加拿大發明家、電話之父　亞歷山大・格拉漢姆・貝爾（Alexander Graham Bell）

機會總是在敲門，去應門吧。

有了網路後，新機會的增長速度非常驚人。現在有許多新興行業在五年前根本不存在。練習一下，這週看報紙、跟蹤新聞網站和看電視時換一種方式思考，不要看發生了什麼，而是玩一個遊戲，問自己：「哪裡有機遇？」

丹尼爾・品克在寫到未來不斷擴張的致富機會時，說過：「在工業經濟體系中，創造財富的工具很大、很貴，一個人很難操作，但是現在的工具，就像筆記電腦那樣小巧、便宜，便於單人操作。我有一個中等的家庭辦公室，兩台電腦，這裡的運算能力已經超過了阿波羅十一號火箭的運算能力了。現在生產的工具和方式都更易於單人操作。」

上週末，山姆看報紙時，看到藝術生活版上一篇講老唱片的文章，上面說有一張唱片現在有了個新的狂熱粉絲團體，人們發瘋似地尋找它。於是，山姆一讀完就直接連上一個網址註冊服務網站，他迅速搜尋一下，看看那張唱片的名字是否還能註冊為網址名稱，並很驚訝地發現還沒人註冊過。

這個新狂熱的趨勢被登載在一份發行量超過百萬份的報紙上，而且因為是媒體聯合會的文章，所以也一定登載到其他報紙上。就是這種狂熱的潮流，才能立刻被轉化為收入來源，即使你只是創建了一個會員論壇，上面掛滿了廣告和付費鏈結也能賺錢。

所以你如何看出機會？回頭看看山姆的故事，關鍵在於人們都在尋找。**財富良機的關鍵字就是：尋找、尋覓、渴望、渴求。那些人想要某個東西！那種想法總會給你機會去服務他們。**你如何幫助人們弄到他們極為想要的東西？你如何幫助那些想要那張唱片卻找不到它的人？

當人們因為不能找到某種東西，不能得到某種服務而心煩意亂時，他們會決定乾脆自己動手，這樣，很多新產品和新行業就出現了。因為他們從其他任何地方都弄不到它。很快地，其他人就開始從他們手上購買這樣東西並傳播開來。

當你發現機會時，最好保證把它看作是服務的良機，而不是某個發財的騙局。你如何才能真正地服務他人？

維諾德．古樸塔（Vinod Gupta）在職業生涯的最初，是為當時的科摩多爾公司工作，它是個位於內布拉斯卡州奧馬哈城的可移動住屋製造商。他曾創造出一個銷售清單，裡面是他找到的全美境內所有通訊黃頁整合後的信息。他準備這個清單交給上司前，突然意識到機會來敲門了。他想，這個清單其實可以為很多人服務。於是他拿到許可把這個清單賣給其他公司，不久之後，他自己創立了一個公司專門賣這種清單，叫作美國諮詢（infoUSA）。

今天，這個總部位於內布拉斯卡州奧馬哈城的公司年收入超過三億一千萬美元！它搜集了整個行業最大、最準確的消費者和公司資料庫，全美國超過四百萬消費者都在使用它。維諾德．古樸塔就是這家公司的主席兼ＣＥＯ。

這又是一個某人說「我敢賭其他人也想要這個資訊而且用得上它」的例子。維諾德只是個有一份普通工作的人。他在某天工作時忽然發現了某件事；其他人只看到一大落沒用的電話簿黃頁，而他則看到了機會。

076 不參與的人，永遠贏不了

只要你能想像出來，它就是真的。

——現代藝術創始人 巴勃羅．畢卡索

人們看著創造財富的機遇，然後心想：「那裡面肯定暗藏玄機。」或是想著：「你知道老話是怎麼說的：『如果它好到不可能是真的，它很可能就不是真的。』」

不，這不對！生命本身就是純粹的機遇，那是真實的。如果你相信機遇都好得不可能成真，你只會向未來關閉你思維的大門。

在《女人世界》（*Women's World*）雜誌上有個研究，那些想像自己是比賽贏家的人，事實上真的贏得比較多。研究確實是這樣，但怎麼可能是真的呢？

首先，那些想像自己是贏家的人通常會參加更多比賽，那就讓贏的可能性增加，而那些說「我永遠也贏不了」的人基本上不會參加比賽，何必呢？

把你自己想像成贏家，大概就能解釋強尼．凱許（Johnny Cash）和艾德．麥克馬洪（Ed McMahon）這些影視明星成功的現象了。那樣的人本身並沒有太多天賦，卻會不斷去試鏡，參加所有比賽，直到有一天他們取得冠軍。

人們會搖著頭說：「他怎麼可能會成為一個流行歌手？」或「他怎麼能主持那個節目？艾德·麥克馬洪怎麼會變得名利雙收？他有什麼天賦？」他頻繁地參加了一個又一個試鏡。人人都可以這麼做。

只要參與，就能做到百分之八十的成功。很多機遇看起來都「好得不像真的」，但大部分時候，它是好的，它是真的，它確實可以實現。如果你停止思考，只是聽天由命的話，你就會從比賽中出局。如果你拒絕參加，就永遠不可能在生命這場比賽中獲勝。

077 充滿感激地去繳稅

金錢是責任的象徵，佐證了你為人類做了他們想要的事。

——英國作家　塞繆爾．巴特勒（Samuel Butler）

很多人自動把繳稅等同於壞事。但只有當你有收入時，才會有稅要交。事實是，繳稅是件好事，因為這說明你賺到了錢。

我們倆都曾有好多年幾乎完全沒繳過稅，因為我們窮困潦倒，根本沒有任何需要徵稅的收入。我們寧願交點稅，但他們就是不要我們交！

稅務是收入增加的證據，我們愈是痛恨想逃避它，這件事就愈會汙染我們的創造性思維。**如果你能把想法轉變到積極的方向，充滿感激地繳稅，它就能夠開闊你的思維，讓你創造更多的財富。**

山姆因為他現在擁有的房產交了很多稅，但他並不憎恨這點。相反地，他總讓自己默想片刻，因為這些稅，又有那麼多孩子可以讀書了。當他外出開車，看到孩子們在操場上玩時，就讓自己體驗繳稅這件事與這一個景象的積極連結。

關於稅務最重要的事，是你想它時所使用的語言。政府不能讓你致富，也不能讓你貧窮，政府不能控制你的財務狀況，你才是自己收入的主宰者。社會體系不可能完美，但我們可以有機會透過這個系統為其他人服務，從而創造很多財富。

「以前大家都知道我喜歡抱怨稅收，」山姆回憶著說：「我最近剛找到一份舊資料，滿是如何逃稅、如何搬到不徵稅的地方等訊息！那其實讓我更害怕成功。我以為如果變富有了就會被稅費淹沒，所以成功根本不值得。因為你收入愈高，被徵收的稅也就愈多。」

當山姆學會不那麼思考時，他的財運才開始好轉。現在他很期待繳稅！

不管你從政治上怎麼想，支持增加稅收，還是希望減稅，這都不重要。你得把那些想法都放在一邊，不要和你的職業思考混為一談。因為如果你把它們混為一談，就會開始痛恨稅收。這樣只會侵害你自己的思維，最終讓你停滯不前。

繳稅是成功的標誌，你繳的稅愈多，就能證明你愈成功。

不要無意識地跌入這樣的心理圈套中，覺得自己努力掙錢是因為有稅要交，不要把你的注意力從真正要做的事情中分散開來。你真正應該做的，是透過不斷增加令人驚豔的服務，去創造更多的財富。

078 坐頭等艙，體驗一下你想過的生活

如果你不能為窮人做好事，就不能花錢奢侈。這不對，你花錢奢侈比把錢給他們幫助更大。因為當你花錢奢侈時，你就逼著他們工作，而給他們錢，只會讓他們閒著。

——英國詩人　塞繆爾·詹森

確保你願意體驗另外一半人的生活，否則你可能永遠都成不了他們之中的一員。時不時去買點最貴的東西，畢竟是為了學會得到最貴東西的感覺；也是要體驗一下如何花錢釋放焦慮，而不是總想著「我買不起」。

你也會從直接體驗最貴的產品是如何製造、如何行銷和如何服務中受益。因為如果你熟悉這一點，它就不再神祕，你自己也可以更快創造它。

精神導師和作家拜倫·凱蒂說過：「我們以為甘地穿著纏腰布，耶穌穿著袍子，那就是該有的樸素打扮。但你可以在過普通生活的同時獲得自由嗎？你能在自己所到之處做到嗎？你能現在就做嗎？當你躺在羽絨床上時能否自由？」

可以。

山姆還記得當他上門推銷書籍時，所有其他銷售員都習慣去收入稍低的中產階級區域，他們太害怕去那些造價昂貴的住宅區了。

「但我學到一件事，如果你去那些高檔的住宅區反而沒那麼難。那些人不怎麼可怕，他們會對你刮目相看。只因為你走過超長的車道，敲了他們嚇人的九英尺雙開橡木門，他們會覺得『這孩子大概有些值得我去聽的主意』。他們尊重這種勇敢的精神，在那裡推銷更容易。我想，那種勇氣來自我年輕時不畏懼昂貴的思想。」

時不時為自己買一張頭等艙機票，飛去某地，好理解那些差異。或者在城市裡最好的賓館住一晚，體驗一下。不是說你的餘生都要那麼度過，也不是要你沒多少錢時亂花，但那種經歷本身很值得去體驗看看。特別是當你要學習把自己的服務推銷給有錢人的時候。否則，你只會適應從大蕭條時期傳下來的那種吝嗇的直覺，永遠不會真正知道「另一半人」的生活。要創造財富，你就得願意加入那一半。

山姆十九歲時，他上門推銷書籍做得很好，也有了一些積蓄。他父親那年要過五十歲生日，所以山姆就去珠寶精品店想買點紀念品給父親。

「我真的去那裡買了一只勞力士給他，」山姆回憶著說：「很多人都覺得我簡直是瘋了，但我珍惜那種體驗。毫不畏懼地為某件不太相襯的東西花一大筆錢。因為說到底，你父親能有幾個五十歲？我大學時不太會理財，那筆錢我終究會亂花在某個一無是處的地方。但我現在都記得做過那件事。雖然我不是為自己買的，卻有那麼做的體驗和記憶。我回憶當初，想著那時我是怎麼做到的，它讓我看到了我可能進入的領域，所以現在我真的進入了這個領域，它並不是什麼我從沒去過的巨大而陌生的地方。」

就像二戰時的傘兵，我們會把他放到敵軍陣地裡，讓他去瞭解敵方的陣地，他會待在那裡一週，之後被接走。他塗黑了臉，戴著夜視儀，匍匐爬過村舍和樹林，最後進入敵區。現在，我們可以把他接出來了，因為他得到所有有用的訊息。這其實是同一件事！**去那些有錢人的地方做點什麼，你會學到很多。**

去最昂貴的餐廳，如果你很害怕，那就意謂著這正是你要開始的地方。記住，不是要你每晚都去。很多人經常去二等的餐廳，總想著他們沒錢去最好的，但我們是要你少去幾次二等餐廳，轉而把那些錢花在去頭等的餐廳上。

偉大的網路財富培訓師麥特・弗瑞每天都發電子郵件給我們，講授如何培育致富思維。最近，麥特去機場準備飛到中國海南島，他跟他的朋友和客戶大衛・沃納洛斯基醫生（Dr. Dave Woynarowski）一起登機。大衛注意到了一個和尚在排隊。

麥特對他朋友說：「醫生，我想你可能沒有注意到這一點，所以要確保你看到那和尚坐在哪個艙。」

醫生看了一眼說：「哇，他坐頭等艙。」

「對，」麥特說：「而且他該這麼做。」

「我還注意到他的行李是別人拿著的。」醫生說。

「正確，再說一次，他就該這麼做。現在告訴我，基於你對東方宗教和哲學的理解，這幅畫面有什麼問題？」

「問題在於在西方世界，我們普遍認為和尚沒有錢，他們很窮。」

「事實正好相反，」麥特說：「在中國和其他東方國家，和尚們通常很富有，但美國的每個人都以為他們很窮。在美國，我們都相信那些『錢是罪惡』、『欲望是壞的』之類的話。美國人相信那些愚蠢的精神和金錢不能混淆的說法。但事實正好相反。當你總是為錢擔憂、害怕、焦慮，你又怎麼可能真正得到精神上的昇華？你的思維總是被匱乏的想法和那些無法流動的東西堵住。然而，當你不用為錢擔心和憂慮時，當你的財務運行狀況良好時，你的每一次呼吸都能體會到嶄新的生活和意義。你的任何能量都沒有專注於匱乏，所有一切都被投入到富足之中。當和尚冥想時，他們和普通人冥想所經歷的完全不同。因此，整個放棄金錢來昇華靈魂就是胡說八道。你應該讓金錢、財富合而為一。你要感謝上帝的賜福，然後放鬆下來接受賜予你的富足，並用它提升你的生活。」

079 讀書是創造財富的捷徑

我們應該透過讀書來獲得力量。讀書之人應是充實生活之人，書則是我們手中的光球。

——美國詩人 艾茲拉・龐德（Ezra Pound）

讀書是讓自己融入財富、創造潮流的最好方法。如果你更喜歡聽而不是閱讀，網上也有大量有聲書可供下載。

市面上有很多很好的書籍都會談論如何賺錢，如何留住錢，但很多人卻完全不讀書，他們不停和其他失敗者一起討論、討論、討論……卻從來不開始真正的閱讀。

讀書或者聽有聲書都具有激勵作用。學習其他人如何成功，真的能大受啟發，這能給你一些新鮮想法，然後思考自己該怎麼做，特別是那些跟你的職業完全無關的人。

很多時候，你開著車，聽著從事其他行業的某個人講述如何達到成功的事蹟，也許與你經營的完全不相干，但那主意也能用在你自己的職業上。你只要做幾個小改變，就能為你的職業注入從來沒有人做過的新鮮血液。

我們有個朋友叫傑德，他曾說：「我不是一個好讀者。我很小的時候父母離婚，導致我被電視吸引，讓它陪伴我成長，所以我閱讀的能力不太強。我真的不是一個好讀者，讓我讀書簡直太痛苦了。」

於是我們寄給傑德一大堆錄音檔，好讓他在自己的卡車裡聽。

他的事業之後蓬勃發展。他後來還開始晚上聽床頭ＣＤ音響播放的光碟；在林間散步時，他也戴著耳機。

很多人只想到「讀書」或「聽有聲書」就卡住了，但讀書從而成長的過程，意謂著當你讀到什麼時，你就要按上面寫的做。如果你讀的是正確的內容，你就會照做！那些書闡述得很有力量，能夠激勵你開始行動。讀書的目的不是為了在與人聊天時顯得聰明。畢竟，連莎士比亞（Shakespeare）也說過：「行動就是雄辯。」

080

緊跟科技發展趨勢，別落伍了

你是自己腦力激盪下的產物。

——美國教育家　羅斯瑪麗・康內爾・斯坦鮑姆（Rosemary Konner Steinbaum）

瞭解當今科技趨勢，是通向財富的重要道路。那些預見網路力量的人都能從中獲益匪淺。相反地，我們的很多客戶都拒絕去適應新資訊系統，最終不得不被拖入未來科技漩渦之中，對他們的公司造成極大損失。痛恨新科技，總按老辦法辦事，這種做法就是懶惰而已。財富才不會自由地流向壞脾氣的老頭子。

雷・科茨維爾（Ray Kurzweil）是個發明家、企業家，還是四本暢銷書的作者。他曾被授予美國科技獎章，在發明家名人堂也占據了一席之地。他曾說：「當我們思索未來時，一定要記住關鍵的一點：這個世界變化的速度在加快，我們人類的知識增速和成就界限擴大的速度也在加快。增速明顯，但大多數人並未把它考慮進去。根據我的模型，每隔十年我們的科技發展速度就會翻一倍。所以在這十年裡，我們看到的變化速度是過去十年的兩倍，未來二十年的變化速度將是這二十年的四倍，以此類推。資訊技術的翻倍速度比這還要快，不到一年。這就意謂著透過價格和表現來衡量的資訊技術不到十年就會翻一千倍，二十五年就會翻十億倍。」

你會成為那個未來的一部分。不要抗拒害怕，加入它，讓它吸引你、擁抱你。運用深藏心底的好奇心，每天都去探索一次這個新世界。你害怕改變的態度不會是可愛的「古典」性格，只是恐懼的情緒。

恐懼讓你遠離財富，只有愛才能吸引財富。所以，去熱愛新鮮事物，花足夠的時間研究資訊技術。你就能有足夠的經驗去擴大自己的思維和接受財富的能力。

081 每一次感激都可能藏著機會

這是一個鮮為人知的自然法則：你愈心存感激，獲得的感謝就愈多。

——美國新簡樸運動推廣者　愛琳・詹姆絲（Elaine St. James）

我們在未表達的感激中找到的潛藏財富比任何地方還多。人們總是很容易忘記心存感激。極為出色的婚禮規畫師科林・考伊（Colin Cowie）在每次策劃婚禮時都能花樣百出。他在上歐普拉的談話節目時強調：「說感謝永遠也不遲。」當他說到結婚禮物和其他社交場合時，我們都會點頭認同這種觀點，但談及經商呢？職業生涯呢？其實這句話作用更大。

據我們所知，生意場上最複雜、最經典的法則就是，你給出什麼，就能得到什麼。但這個法則很少人使用，即使它擁有極大的潛力並且絕對能增加你的財富。

如果有人把生意介紹給你，你該怎麼感謝他們？透過電子郵件嗎？當然不是，你覺得他們要是那天收到了五十七封郵件，他們還會珍惜你的那封嗎？他們會巴不得儘快刪掉它！

大多數人只會感謝介紹人一次，有時候還會寫一張感謝條，打一通電話。但即使這樣做，潛藏的機會也被錯過了。如果湯瑪斯把伊莉莎白的公司介紹給你當客戶，你和伊莉莎白的公司合作得很好，你一定要確保湯瑪斯知道你的進展！告訴湯瑪斯，伊莉莎白他們做得有多好！隨時聯絡介紹人！要把這件事看得非常非常重要。每當伊莉莎白感謝你時，也讓伊莉莎白把你的感激之情轉達給湯瑪斯。

感激之情強而有力，它會保證不斷有朋友向你推薦客戶，遠超過你感激別人這件事本身。

我們的客戶麥迪森在西雅圖有間自己的律師事務所。就在最近，她剛剛透過一個高爾夫球友的介紹認識了三個潛在新客戶。在她與每一位潛在客戶交談之後，她發現自己的工作方向與他們的期望並不相合，這些推薦並沒有成功。一週之後她來參加我們的培訓課程。

麥迪森說：「那些推薦最後都沒結果。」

「沒關係，你是如何向你的高爾夫球友表達感激之情的？」

「我當時謝了她，在跟他們聯繫之前又謝了她。」

「在那之後呢？」

「沒什麼好說的！我沒談成任何生意，最後一樁也沒成功。」

「你想要更多客戶推薦嗎？」

「當然了，我的事務所裡一切都依賴客戶推薦。」

「那你為什麼什麼都不做？事實上，要是你什麼都不做，等於是增加了高爾夫球友不推薦別人給你的機率。」

「怎麼會這樣？」

我們之後向麥迪森解釋，包括我們在內的所有人，如何藉由編故事來填補資訊真空。因為麥迪森的高爾夫球友沒有聽到有關推薦最終結果的任何消息，她就會假設事情進展得不順利，或更糟糕。如果球友一個月後見到她推薦給麥迪森的那個人，然後問進展如何，那個人說：「沒成。」球友就會從最壞的角度打量麥迪遜。她現在不太可能再推薦誰給麥迪森了，這樣只會影響麥迪森的財富流動。

解決方式呢？表達感激。

要想她的球友介紹更多的新客戶給她，麥迪森至少要再多做一點事，確保自己會與球友談話或再次寫信感謝她，並解釋為什麼事情沒成。她必須強調自己只有在真的能幫忙、能有所改變時，才會接案子，而且從來不會因為傭金而接。現在的情況是，在與潛在客戶們溝通之後，雙方都認為他們暫時還不需要麥迪森的服務。然後她就能借機再次感謝球友介紹客戶，並讓她知道，她介紹的每個人，麥迪森都會非常投入地認真對待。

現在球友就會開心地鬆一口氣，因為她介紹的客戶都與麥迪森愉快地談過話，也受到麥迪森的禮遇。麥迪森的感激之意還會鼓勵球友想介紹別人給麥迪森。這樣，另一個推薦的客戶就出現了。

當你從某人那裡收到禮物，科林．考伊說最合適的行為是在兩天之內就寫一封感謝信。「那樣是十分，」他說：「打電話得九分，電子郵件八分，傳真七分。最重要的是要大方承認你的感激。這永遠都不會太遲，你可以兩週後再這麼做，只要你記得就行。」

其實，科林說他每天早上第一件事，就是用自己的私人信紙寫昨晚的感謝卡。你還會在科林最喜歡的巧克力店、酒鋪和花店裡發現他的私人信紙。那樣，當他送人一盒巧克力、一瓶紅酒或一束玫瑰時，就能用自己的信紙寫內容，而不用去選擇千篇一律的禮卡了。

「我覺得這些細節很重要。」他說。

脫口秀女王歐普拉也曾提及過當初她從科林那兒收到的花束，她說他使用的不僅是私人信紙，還是親手寫的！

「那是因為我在花店送花之前就把信快遞給他們。」科林解釋。

要感謝你的消費者，感謝你的供應商，感謝你的同事，感謝你的家人。你愈感謝他人，自己的發展就會愈好。

這招，每試必見效。

082 退一步，找出你的隱藏優勢

成功是透過增強優勢實現，而非消除劣勢。
——世界智商最高紀錄保持人 瑪麗蓮・沃斯・莎凡特（Marilyn vos Savant）

隱藏的優勢隨處都是，但它們藏了起來。當你迷失於每天的忙碌中時，常常忘記後退一步研究進展，看看有沒有隱藏的優勢被我們忽略了。退後一步細看，至少每天一次。

麥當勞是世界上最大的商業地產擁有者，因為他們很早就看到了隱藏優勢。他們意識到，用賣漢堡和薯條跟一大堆同行們競爭只會變得愈來愈難，而他們具備的一項優勢就是可以買下所有的地產而不用租賃。所以從六〇年代開始，他們買下了所有那些麥當勞店的地產，現在又透過把餐廳租賃的方式出租給連鎖店加盟商。現在，麥當勞在房地產上賺到的錢，遠多過他們在忠誠食客身上賺的。

沃爾瑪的情況也一樣。一九六〇年代，沃爾瑪的店面不超過十間，而當時最大的競爭對手凱馬特（K-Mart）則有兩百家店，在凱馬特眼裡，沃爾瑪就是個笑話。他們是這個行業的新手，毫無優勢可言，因為所有人都以為超市最明顯的優勢就是公司規模。但沃爾瑪努力利用了他們的隱藏優勢。他們決定省下這一行重要的一筆開銷，從而使利潤大幅度提高。

他們建了自己的配送中心！

他們不像凱馬特那樣建很多店鋪，而是建很多倉庫。不久後他們就開始自己買卡車從生產商那裡取貨，而不用外面或生產商的卡車公司把貨品拆開分成不同分量，再送到不同的店鋪中。自己建倉庫還有其他好處，比方說建一個可以開著卡車直接通過的倉庫，就不用花太多時間倒車進倉再上貨開出去。只要直接開車穿過倉庫，就有人會來幫你往卡車上裝貨。

之後他們又加入另一個優勢。不像其他一天只工作八小時的配送商，沃爾瑪認為：「為什麼我們不二十四小時經營呢？這樣補貨時間就快多了。我們已經有自己的卡車系統和倉庫了，為什麼不從中發現隱藏的優勢呢？我們完全可以自己安排經營時間。」

最終，沃爾瑪把配送成本從百分之五降到二點五，補貨上架時間縮短到四小時以下，而凱馬特那樣的商店要花上四、五天。百分之二點五看上去可能不算什麼，但當你涉及的是上億元的生意時，就相當可觀了。當然，現在我們都知道了沃爾瑪和凱馬特的結局。當凱馬特意識到沃爾瑪擁有這些巨大的隱藏優勢時，顯然已經太遲了。

做小生意的人總跟我們說：「如果我真的沒有優勢的話，我能挖掘什麼樣的優勢？」我們回答：「你總能比競爭者多學一點東西，你總能擁有那一項優勢。」

你的生意愈小，就愈有可能發展出隱藏優勢來。因為在沃爾瑪和麥當勞那種大公司裡，大部分優勢都體現在規模上。而小公司則可以發展出一些極具變革性的優勢，他們有機會嘗試更多。特別是針對顧客，顧客愈少，你能為他們做的就愈多！過不了多久，這些顧客就會幫你介紹其他顧客，並真心為你的服務而激動。這樣，你就不用花太多時間和金錢在廣告上了。即使是一個剛起步的小公司，也可以擁有隱藏優勢。

當我們的朋友麥特・弗瑞開始在網上分享他的身體訓練祕訣時，他已經是個世界聞名的武術家和大學運動員了。他也有個隱藏優勢：他是個天生的作家，麥特有一種把日常故事和關於健身、財富和動力的慷慨語詞結合起來的天賦。他利用了這一優勢，每天不斷發出內容生動的郵件給他持續增長的會員們。其他運動員和健身教練就沒那個能力。

仔細看看你自己的生活，找出自己擁有的隱藏優勢，把它們拿出來為你所用。我們知道你一定有，因為我們遇到的每個客戶都有。記住，它們是「隱藏」優勢，可能對你而言，它們都意謂著被隱藏。所以讓你的教練、搭檔、朋友、資助人或導師來告訴你你的優勢何在，你會很驚訝，原來自己還有那麼多優勢。

083 在商業訊息集中處尋找機會

成功的戰士是個極為專注的普通人。

——華人武打演員、導演　李小龍

無數迫不及待想要自己開啟一段創造財富旅程的人，都被猶豫不決所阻。我應該怎麼做？我應該從哪裡開始？

如果你拿起一本普通的電話簿黃頁開始翻，只要夠專注，你就會震驚地發現裡面有一長串的商業分類，並能夠發現在那些看似無聊又普通的商業服務中，其實隱藏著很多機會。不要忽略這個事實，它們有轉變成鉅額利潤的巨大潛能。

看看黃頁，打幾通電話給你覺得有意思的公司，要注意電話那頭的反應是什麼。你聯繫的很多單位甚至連最基本的工作都沒做好，比如說接電話！或是在黃頁中闡述他們的服務。

如果我們想明天就開一家新公司卻不太瞭解商業，第一件要做的事就是去翻翻黃頁，看看哪些商業類別最流行，然後打幾通電話，找出哪些公司的客戶服務做得不好。

我們的朋友林賽．布拉迪（Lindsay Brady）是美國最著名的催眠師之一。他年輕時曾因無法決定職業方向而困惑。他翻遍黃頁，圈出所有能激起他興趣的職業和服務。當他到了「H」那個部分時看到了「催眠師」，出於好奇，他在上面畫個圈，就這樣找到了職業方向。在深入研究這領域後，他學會了自我催眠，並用來治療自己的恐懼症和壞習慣。他非常擅長這個，之後以此為業，再也沒有走過回頭路。

如果你們的腦力激盪時間需要充充電，拿起本地的電話簿黃頁吧，裡面一定蘊含著數不盡的黃金。

084 將沮喪轉換成商機

一開始我四處尋找，卻找不到夢想之車，於是我決定自己造一輛。

——德國汽車工程師 費迪南．保時捷（Ferdinand Porsche）

我們的朋友康妮在初夏的某一天，坐在俄勒岡州她家後院準備吃沙拉。她發現自己對糖過敏，所以不得不尋找讓沙拉美味的其他方法，這點讓她的心情非常糟糕。

她不能再用大多數廣告裡的沙拉醬，因為它們大多都含有很多糖。所以，今天康妮試了一種店裡買的梅醋，她把它倒在沙拉上，咀嚼一分鐘後她知道那味道糟透了。那種醋的味道刺鼻且令人作嘔，鹽和人工香料又都加得太多。

康妮極為沮喪地放下叉子，推開沙拉，重重嘆口氣，把視線轉向庭院。過了不久，她開始盯著院子裡那些果樹，一個令她激動的問題躍入腦海：如果我用這些水果自己做天然果醋呢？

雖然她沒有相關的背景知識，也從未花太多時間在廚房裡，但那個夏天她卻開始試驗四種不同的無糖果醋：羅甘莓、覆盆子、草莓和葡萄加薄荷。

「我就是不喜歡外面賣的那些，所以開始在自家廚房裡做試驗，」康妮說：「第一年我以為自己做了一生都用不完的量，三十瓶，還拿了其中幾瓶做聖誕禮物送朋友。我家人完全不覺得有什麼，但我的朋友們立刻就想要更多。」

事實上，他們要了太多，導致她「一生都用不完的量」瞬間被一搶而空！她告訴他們：「你們為什麼不自己去買果醋？」他們說：「問題就是這個！我們買不到。外面沒有一家果醋能比得上這個。」當他們說願意花錢買的時候，康妮震驚了。

那個夏天她決定做個試驗，她做了七百瓶（八種不同口味）試銷品，同時達到食品藥品監督局（ＦＤＡ）的所有標準。讓康妮驚訝的是，「試銷品」沒多久就完售！她接到美國各地甚至加拿大打來的電話，打聽從他們住波特蘭的朋友那裡聽說的果醋。

康妮．羅琳斯．德里薩斯（Connie Rawlings-Dritsas）現在已經成為布洛斯姆果醋公司（Blossom Vinegars）的老闆了。這位老闆把沮喪轉化成每年夏季用俄勒岡州最好、最新鮮的完整水果、香草和華盛頓洋蔥特製的絕妙體驗。每天清晨從西北部農場中採摘新鮮原料，到了傍晚產品已經裝罐運出了。

人們愛上了這種俄勒岡州波特蘭別具一格的產品，它明豔的色彩、無與倫比的口感、美麗的包裝，加上無添加糖、人工色素和鹽，每樣特色都令顧客瘋狂。雖然康妮如今已經無法保證所有布洛斯姆果醋裡裝的是產自她家後院的水果（因為僅一年產量就估計達六千瓶！），但她仍可以保證這些產品新鮮並產自當地。是的，現在我們自己也用這些果醋，甚至送一些給朋友和親戚。

康妮是個把沮喪轉化成財富的完美例子。

當你為某事沮喪時，一定要十分注意。那些會讓你為生意沮喪、讓你身為顧客感到沮喪的事，都可以導致你成功。沮喪時更應該專注，而不是奢求生活中那一部分會自動消失。

最近我們正在輔導一個公司老闆，我們問他：「你最大的沮喪是什麼？」

「是請人，請個出色的員工太難了，培訓他們的時間又長。有人會突然離職，導致我們人手不夠，最終影響我們的銷售業績。」

「太好了，你剛剛指出了自己能努力的方向，這會為你的事業找到最強有力的支柱。小小的改變對你不會有太大幫助。如果你感到沮喪，就要想辦法把它轉化成你最愛的一件事，真正去付諸實踐。它之所以讓你垂頭喪氣，是因為每次你一面對它，注意力就開始分散。」

透過集中注意力在雇傭和培訓上，那家公司的老闆把這一點變成了自己公司最強的一個環節，最終令他的公司發展壯大。

找到你沮喪的原因，然後把它變成一份大禮。這是宇宙在給你暗示，為你指明努力的道路。如果你能把沮喪變成自己的傑作，讓它成為你生命中最好的一部分，那麼其他的一切都會變得更好。我們總是在培訓開始時就尋找沮喪之源，尋找那個人人為之擔心的想法，因為我們知道，那就是重大突破的入口。

每當你作為一名顧客感受到他人服務不到位時，記住你的沮喪！比方說你走進一間商店，裡面的人根本不睜眼看你，或把打電話閒聊看得比你還重要，所有這些事情都令你煩躁沮喪！當你回到自己公司，一定要告訴所有員工剛剛遇到的一切，讓他們知道，我們絕不能這麼做。這只是宇宙通過另一種方式在告訴你、惹惱你、提醒你絕對不能如此對待你的顧客。這種沮喪會讓你更強大！這件事發生在你身上，讓你感覺到前所未有的糟糕，所以你絕不會這麼做。

不要讓沮喪麻痺你，要真正地去感受它，讓它喚醒你的鬥志。

你的沮喪其實可以讓你致富。如果你的沮喪可以通過某種產品、服務或填補市場缺口來解決，那很有可能也可以解決這個市場上成千上萬的人，甚至世界上的數百萬人都具有的沮喪！好好利用它！

085 賺錢不一定辛苦

有錢人變得更有錢，不僅是因為他們知道該投資什麼，更因為他們體驗過富有帶來的重大情感釋放。

——英國勵志作家 史都華・韋爾德

山姆和他的岳父母共進晚餐，要付錢時他拿起帳單說這一頓他請。

「噢，山姆，」他岳父說：「我們不希望你把努力賺來的錢花在我們身上。」

「我沒有，」山姆說：「我有兩個銀行帳戶，一個是我努力賺回來的錢，另一個是輕鬆賺來的錢，我請你們吃晚餐花的都是輕鬆賺來的錢，所以你們不要內疚。事實上，我不用費太大力氣就賺到了這筆錢。」

他們以為山姆是在開玩笑，但他沒有。他真的有一個帳戶存他輕鬆賺來的錢。那個帳戶裡的錢都是他從收入零頭中創造出來的，真的沒有多少努力，也沒付出什麼勞動，通常是他某一次銷售中得到的傭金抽成，不斷會有新的抽成，所以那帳戶裡的錢每個月都有增加。

「那就是在心理上感覺良好，」山姆說：「不是我所有的錢都是辛苦賺來的。你不用為賺來的每分錢流血流汗。我想，『賺錢很辛苦』大概是從農耕時期留下來的想法，那時只有耕耘才會有收穫，如果豐收了，絕不是因為其他什麼人幫你多撒了種子。你必須犁田、播種、除草、收割。那時你要喝牛奶就得自己去擠奶，你得為每樣東西付出勞力。但現在不是那樣，你完全可以讓錢自己生錢。」

我們今天收到出版商的電子郵件，說把我們一本書的版權賣到了馬來西亞，我們會因此得到不少版稅。我們這天收到電子郵件時還什麼都沒做呢！我們只是醒過來，然後看了一眼電腦，錢就到我們帳戶上了。

把足夠的創造力融入到寫一本書這樣的工作中，它就會不斷回饋你。即使在很久以後，都是如此。真正的快樂是現在馬來西亞人也開始借助那本書的力量，讓他們的小生意興旺繁榮了。我們不用去馬來西亞擠奶，就能賺到屬於我們的那部分錢。

如果人們能夠敞開胸懷接受這種概念，改變他們農民式的思考方式，他們就會從中獲益。用種田來比喻賺錢，大概是從父親或祖父那一輩灌輸到頭腦中的概念。長輩們還同時給了他們對經濟大蕭條的恐懼等想法。是時候意識到這個問題了，如果你能盡量讓別人在足夠多的方面得到好處，附加的財富就會找上你。即使是在你休息的那天，它也會來臨。

很多人連一天都不肯休息，因為農民式思維方式會說，如果你沒有辛勤地勞作，你做的任何事都沒有價值。但是，**我們現在生活在高速資訊時代，想像力是最原始的財富生產因素，所以即使是休息日和海灘邊的下午，也可以生產財富並讓你重現生機。**

一個可以服務很多人的精采點子，就能讓你把財富都注入你輕鬆賺錢的那個帳戶中。即使

你還沒在現實中開設那個帳戶，也至少讓它在你腦子中存在。

我們培訓的很多人都有一個令他們更貧窮的想法，而且他們都成為受害者。他們認為沒有真正工作，就會落於人後。他們看不到放自己一星期的假就可以變成在財富中邁進一大步，因為那可以令他們有創造力的那部分重現生機。

086

不要滿足於賺小錢

既然你總是要想，不妨想得大一點。

——美國地產大亨　唐納．川普

也許在講財富的書裡，這麼措辭很奇怪，但事實上，我們經常給金錢賦予了太多的重要性。藉由附加過多感情因素，我們把財富從自己身邊推開，在它周圍創造出能量的圍牆，然後盡力排斥它靠近自己。

最好把金錢看成紙上一個帶著小數點的數字，而不是什麼能令你近乎絕望的需求，也不是成為有價值之人的最終合理獎賞。

學會以簡單的數字思維來思考和談論它，不要談論你是否值得活著，或其他和金錢聯繫在一起的隱藏心理資訊。

你可以只談論數字！

山姆得到的所有建議中最好的一個，是在一場工作面試中，雖然他真正經歷過的面試並不多。他坐在一個很有錢的大公司老闆對面，那老闆是山姆一位朋友的父親，山姆要在這間公司做銷售，令他最為猶豫的是他要把產品賣給別的大公司，而每一個案子的銷售額都在十萬美元到一百萬美元之間。

「我以前銷售的經驗只有賣百科全書，」山姆說：「那最多只值幾百美元，所以我告訴這個潛在的雇主，我不知道自己能否適應這個環境！因為我習慣了賣不那麼值錢的東西。然後他看著我，說了讓我永生難忘的一句話：『你知道嗎，山姆？其實兩件事情幾乎沒什麼不同，唯一的區別就是小數點的位置移了一下，僅此而已。現在就在你的腦子裡移動一下小數點就好了。如果你能這麼想，就根本不會有差別了。』」

山姆說，這時他才意識到，他唯一要做的就是放鬆下來轉變思維。要別人付多少錢並不重要，關鍵不在於數額，而在平和地說服別人付錢的簡單能力。

「你在生命中能賺到多少錢，在於你肯不肯要那麼多，」山姆今天說：「在於你肯不肯移動那個小數點。」

我們大多數人在生命初期就無意識地學會凍結小數點。作為小孩子，我們總想著幾分幾角，我們學到只要存好這些分分角角，就能湊足幾元了。大人教我們：「省一分錢，就賺到一分錢！」所以我們最初學到的金錢概念很小，在潛意識中，我們從未丟掉過這些概念。我們的思維最終創造出一個牢籠將自己束縛起來，但省下的一分錢還是一分錢！所以我們也許想從這種舊思維中釋放自己。賺到一塊錢就是賺到一塊錢，省下一分錢只是省下一分錢。你希望自己的銀行戶頭裡是哪一種？是賺到的一塊錢，還是省下的一分錢？

你賺到的一百塊或一千塊可要比你省下的分分角角要多得多，你卻視而不見。一談到錢，我們就羞怯退縮；只要有人提到一大筆錢，我們就會臉紅心跳。

有些人的理論是，我們可能在感情上對經濟大蕭條的匱乏思維中毒太深。很多關於金錢的形容詞和習慣用語都源於那個經濟恐慌期。那是為了生存的善意說法，卻會毀掉創造財富所必需的心理放鬆狀態，像是那些「不要浪費、不要貪心」或「錢不會從天而降」或「我們應該節衣縮食」的說法。這些說法本身都不錯，它們能阻止你在心理上過於冒進，但同時也會阻止你的創造力。**要想真正創造財富，你就要讓自己的思維擴張，想法夠開放，去渴望更大的數字，從而讓你的思維方式發展到能隨意移動小數點的狀態。你得期望更大的數字，那樣你才會更適應大數字。**

山姆還記得自己一天最多賺到八百美元的日子，那天他得到一大筆傭金。「我以為那是我一生見到的最多的錢，直到現在我都記得那種感覺。我是如何高興得跳上跳下，真的太棒了！八百美元呢！而現在，我經常一天就能賺到八千美元、八萬美元，甚至十萬美元。如果你告訴十年前的我，我可以一天賺到八萬美元，我肯定會說：『我想自己不可能應付得了那個。』但現在這已經激不起我什麼情緒波動了，更像是個小數點而已。」

理解大蕭條對我們每個人的影響非常重要。即使是現在，對祖父母經歷過大蕭條時期的我們仍然適用。那種真正的恐懼依然存在，那種「錢財可以瞬間蒸發」、「小心，你隨時會失去一切」的恐懼隨處可見。

其實很多人都認為追求財富本身就會招致貧窮！他們覺得「如果我想賺點錢，就一定會失去所有，看看我們的鄰居，他們試過了，卻窮得連衣服都沒得穿。」

我們輔導過的一個顧客真的這麼說過，他說：「我希望能像你們那樣自己做生意，但我真的沒有生意頭腦，有一天會輸得連衣服都沒得穿。」

山姆就跟他說：「那你為什麼不買一大堆衣服呢？」

山姆之前分享過，他做小生意失敗了五次之後，才學會從不同的角度思考。在此之前，他總是斤斤計較。

「我以前檢視自己那些生意時會想，如果我的每件商品能多賺幾分錢，最後的總和肯定不少，但事實是，那要花太久的時間。」當我們培訓那些想做小生意的顧客時，我們總希望他們明白，賣給客戶一個三十美元的東西和賣給他們三十萬美元的東西所花的時間沒有區別。治癒內心不敢想更多錢的恐懼，只需要不斷移動腦海中的那個小數點。只要你達到了一個數字，就立刻想：「要是我想要更大的數字呢？」

永遠不要滿足於只賺幾分錢的思維。一定要意識到，因為經濟大蕭條那根植於你腦子裡的負面金錢心理，讓你不自覺傾向謹慎，想收緊、縮小。那讓你在感情上感覺更安全、更容易。**但創造財富要靠理性思維，所以你要推動自己，不斷擴大對自身真正價值的概念。**

087 質疑你的恐懼

恐懼總由無知而生。

——美國文學家與思想家　拉爾夫·沃爾德·愛默生

阻礙很多人獲得財富的一大因素，只是因為他們害怕追求財富。這發生在很多層面。

我們的培訓中總是碰到這樣的生意人，他們害怕如果經營某種東西或提供某種服務提高了價格，人們就不想再跟你做生意了，因為你變貴了。

他們假設顧客唯一想要的就是低價，簡直大錯特錯！因此大家的標價多年來都太低，導致完全無法好好服務自己和客戶，因為他們害怕將會發生的事。

在現實中，你面對的有兩個世界：一個是你以為會發生的，一個是真實發生的。而在腦海中發生的事情總是比發生在現實中的糟。

我們自己和我們客戶的經驗是，提高價格會幫助你的生意，雖然可能有幾個顧客會因此轉投別家，但他們肯定不是你最理想的顧客。

我們有個客戶叫德雷克，最近剛這麼做。他提高了自己產品的售價，在他的三百個常客中，只有三個離開他！但我們之前問他預估會有多少顧客流失時，他會說五十到一百個！關鍵就在於，讓你自己習慣用價格來反映你不斷增長的價值。

深吸一口氣，要求一些你的恐懼不讓你要求的東西。總是練習這麼做，因為現在你創造了一個新遊戲，自己上了個新台階，就像愛默生說的：「勇氣最偉大的部分，是你已經做過那件事了！」每天你都比前一天做得更好，你自己也比前一天更出色。如果你不是這樣，就根本不該做現在做的這一行。如果你每天都在進步，那服務價格為什麼不能隨之上升呢？當一個公司愈來愈好，它的股票價格也會上漲，你的價格同樣也應該上漲。如果你還沒有漲價，那你就有大好時機來增加財富。

088 找個看起來不像機會的機會

一個偉大的想法就能完全顛覆人生。

——美國勵志演說家 厄爾・南丁格爾（Earl Nightingale）

也許你應該尋找某個看上去不像機會的機會，那才可能是你真正的機會，因為只有你一個人發現了它。

在一九八〇年代早期，錄影帶剛剛發明時，大家都開始租錄影帶來看。但沒過多久，這個市場就飽和了。錄影帶出租店的數量是市場需求量的十倍！因為每個人都投身於這個新興的熱門商機中。

一九九〇年代中期，類似的事情也發生過。當時每個人都開始開咖啡店，因為卡布奇諾變成了一種新潮商品。

不管什麼時候，只要我們看到「下一個偉大發明」就會立刻投身進去，最後為自己的衝動付出代價。因為那個熱門新事物太顯而易見，人人都在談論它，所以我們加入的時候已經是一個擁擠不堪的領域，還慢了一步，投資也不到位。

瞧瞧房地產，總有人眼中閃著激動的光芒告訴我們：「別告訴其他人，我要去做房地產！房產市場可大了。」我們會回答：「好，我們不會告訴任何人。」

真正導向財富的路在你之中，從你的頭腦到你的心靈。它是內在的。而你的熱情會投注在哪一行？這絕不是某個人人都能參與的外在機遇。

089 不要談論尚在籌備的計畫

行動勝於雄辯。

——英國劇作家　威廉・莎士比亞（William Shakespeare）

把你的創造性發揮在工作中，但不要談論工作。談話很消耗能量，吹噓更消耗能量，而你的能量其實很珍貴。

如果你正在告訴所有人你要做什麼，那就沒有機會聆聽了。進步和成功的機會只會在傾聽中出現，而不是交談。沒人能夠在交談中提升自己。

當其他人談論說他們想要尋找什麼、想達成什麼、正在做什麼，或弱點被你發現時，你的機會就出現了。

因為忽然間，你會聽到他們的言談中有符合你正在做的東西。你就能依此和他建立聯繫，直到產生對你生意大有好處的結果。而這種結果，在你講話時不可能會發生。**它只有在你傾聽並敞開心懷時才會發生。**

山姆對人們的經歷很好奇，總會問他們的過往經歷，並從中學到很多寶貴經驗。他們則會對他印象深刻並感覺親切，很多人甚至在談話之後問他：「你願意教我嗎？願意幫我嗎？」並不是因為他說「我是個大牌又成功的經營教練」，而是因為他問了那些問題。

吹噓自己的計畫，只會給你自己和未實踐的計畫增加壓力，那些悲觀者會覺得受到威脅。因為你有計畫而他們沒有，他們會潑你冷水、警告你、以愛的名義讓你變得謹慎小心。

把你最大的野心變成能令你激動的祕密，讓別人看著它發展，不斷行動。哪怕只花一分鐘來發展你的計畫，也比討論它一千分鐘更有價值。

090 自己的內在智慧是最可信的專家

我們要成為自己命運的主宰而不是受害者。要控制自己的命運，決不讓步於盲目的懷疑和情感。

——美國第三十五任總統 約翰・甘迺迪（John F. Kennedy）

山姆記得他曾經很怕那些經濟學專家，因為他們說山姆這一代是第一個在經濟上會比他們父母糟糕的人。山姆聽到後驚慌失措。

因為在山姆這一代之前，每一代人在經濟上都比他們的父母那一代表現更好。他們不斷提升經濟總量，社會經濟在擴張，美國也發展得很好，新產品、新市場、新服務不斷湧現，總之人們在六〇年代、七〇年代和八〇年代都很成功。

但到了九〇年代，專家卻說：「上升期結束了，你們現在這些孩子正處於下坡路段，我們已經到達巔峰。」

山姆記得自己當時心想：「噢，那可真不好，可恨我生得太晚！要是我早生幾年，至少能像我父母那樣，但專家說現在沒希望了，因為這一代就是不會比他們父母表現更好。」

但事實並非如此。

山姆不僅比大多數人的父母做得更好，還比他們父母花的時間短得多。很多人在五、六十歲才達到的高度，山姆在三十歲就做到了。現在山姆在教其他人也達到他的高度。

「自從我認識山姆之後，我自己的生意就有了起色，」史帝夫說：「他對創造財富方法的熱情絕對能感染任何人。我開始到處運用那些方法。我不後悔沒有早點那麼做，只對現在擁有的一切充滿感激。」

那麼那些專家們呢？我們為什麼要聽他們的？

只要房地產或股票市場有一點過熱的跡象，專家們就會說：「這不會長久，市場一定會回落，那只是個泡沫。」總會有些專家預測下一次經濟大蕭條馬上出現，股市、房市崩盤就要來臨。人們在歷史開始的一刻就在預測終結，兩千年前那些預言者就在發出警告，告訴世人世界將會在他們的年代滅亡。哎呀，沒發生呢！（我們期待的那個世界末日在哪裡？）

記住，最受人關注的專家，都是那些做出最悲觀預測的人，新聞媒體才不會認為「一切都很正常」的標題可以吸引讀者的眼球。

但如果有人說：「小心！一年內所有銀行都要倒閉了。」那份報紙的銷路一定會很好，那個電視節目的收視率一定會飆升。整個「賣」新聞的概念就是以悲慘的警告和令人震驚的嚇人標題為中心策略。當觀眾沮喪害怕時，他們的節目收視率就會上升，人們才會願意去收看。人們把媒體當作某種報警系統，藉此得到感官上的刺激。

因此，媒體只會尋找那些做出悲慘預測的專家，他們只會找那些，然後再給我們錯誤的印象，以為這些才是「真正的專家」。這些專家會說我們的經濟繁榮不能持久，我們依賴某種能源會導致整個國家癱瘓，總之情況很糟糕，地球很危險。

我們不明白媒體真正賣的是什麼，他們賣的其實是恐懼，我們卻以為他們賣的是真相。著名的記者和那些萬聖節出來扮鬼嚇人的人做的是同一件事，如果我們不能真正明白並瞭解這一點，就很難順利創造財富。因為我們總是相信專家的奇談怪論而被嚇壞。

人們相信一切都是有限的，各種框架的存在讓他們謹慎行事；媒體裡的專家們天天在提這些限制，過不了多久他們自己就會被困在這陷阱裡。不要讓這種事情發生在你身上！

融入無限中，領悟到整個宇宙都在不斷增多的財富中進化，這才是自然的真諦。聆聽你內在的智慧，它是你唯一需要的專家。

091 加快速度，讓顧客受益

時間比金錢更有價值……你可以賺到更多金錢，但賺不到更多時間。

——美國成功學作家 吉姆・羅恩

不管你從事的是什麼，總之記住加快速度。

我們培訓過很多籌款機構，通過加快發出收據和感謝信的速度從而改善了他們的籌款結果。雖然只是簡單的小事，但捐款人不需要等幾天甚至幾週就能立刻收到感謝，這會讓他們覺得被重視。

很多人整天忙忙碌碌的，試圖盡量拖延不去回覆某個諮詢。但我們能做什麼不會被懲罰？顧客期待什麼？我們能拖多久再回覆他們？他們真的去嘗試盡量拖久一點，卻完全沒有意識到，你回覆得愈快，顧客就愈能從中受益，他們會開始把你推薦給其他人。

於是，當你快速回覆，並達到可以說「我們不是最便宜的，但我們是最快的」那種程度，你的服務就會被廣泛傳播，還能收取更多的費用。因為人們愛死了速度，對很多人來說，時間就是金錢。

現在大家都寧願用快遞寄信而不走一般郵件，因為比起過去，現在的時間更加值錢了。如果你要進入某些行業，只要能保證是本行業內速度最快的，就能占有優勢。想想正等待著某個東西卻總等不到時帶來的那種沮喪感，人們肯為保證速度付出多少？而聯邦快遞（FedEx）就藉由問這個問題，創造了他們的財富。

你如何加快自己的速度贏得工作上的一場競賽？不要把速度當成負擔，要享受它的樂趣，因為它能讓別人驚訝，並為你帶來財富。

092 成為專家中的唯一

你的目標應該不僅是成為專家中的專家，而是要成為唯一一個做得到的專家。

——美國吉他歌手　傑瑞．加西亞（Jerry Garcia）

如果你能成為某件事的專家，就能加快成功的速度。

很多人現在都從事教練行業。最近我們去了某個「退休教練」的網站，他的專業就是培訓退休者如何在工作之後享受美妙人生。

我們心想：「這個主意真是妙啊！」因為退休的人的確有資金來請人生教練，他們也肯定有時間。那些把自己定義為職業工作者或父母的人，在退休後會喪失所有這些身份，他們不會知道自己是誰，也不知道該如何自處。這簡直是專業教練最完美的機會！

教人如何享受退休生活是一種很好的專長，如果有人只是個「人生教練」，去一個退休人員社區說：「我是個人生教練。」那些人大概只會回答：「為什麼我們需要人生教練？我們的人生幾乎已經完結。再說，人生教練到底是什麼啊？」

只要你有某項專長，人們就會被吸引，他們願意花更高價錢請更專業的人。不要藉由滿足人們所有的要求而限制了自己的收入範圍，不要運用基於需要的思維方式以為自己不能錯過任何一樁生意。不要在你的名片上寫：「我能為任何人做任何事。」

我們輔導過那些事業剛剛起步的小商人，他們經常專注於他們憂慮的心靈中「需要」的部分，這會讓他們掛上招牌，並宣布：「任何生意都不是小生意！」千萬別這麼做。

外科醫生成為某種手術專家後，價錢就會上升。同樣的道理，掛專家的號會比找全科醫生貴得多。腦外科醫生比全科醫生的收入高得多。愈是術業有專攻，時間和服務價值就愈高。

而我能不能成為本行業中唯一做到這件事的人？

我們認識一位律師特別擅長處理老年癡呆症患者的官司。在哪裡都能找到律師，但有多少是專攻老年癡呆症患者的？如果他的律師費比普通律師高，你只會覺得那是他應得的。

傑瑞．加西亞說：「要成為唯一一個做得到的專家。」他完全清楚自己在說什麼。如果你有一輛保時捷需要修理，你開著車沿路看到「修理保時捷」和「修車」兩個招牌時，你肯定會開到「修理保時捷」那家，因為你覺得那裡的人會更專業，更瞭解你的車。他們每天都在修保時捷，也許會貴一點，但絕不會因為不瞭解你的車而犯了其他人都會犯的錯誤。所以從長遠的角度來講，你花的錢反而更少。

與之相反的是，我們都看過這樣的招牌：「修車，專修外國車、國產車和其他！」他們根本沒有任何專長。

所以不要害怕有專長，它能讓你專注在自己最愛的事業，並變成那一行的專家！

093 給自己一年，慢慢完成既定計畫

人們從不計畫失敗，只是他們成功的計畫失敗了而已。

——美國教育家　威廉・亞瑟・沃德（William Arthur Ward）

如果你負債累累或窮困潦倒，而你想著一個月內就解決所有的問題，那就太不理智了。最終那只會讓你吃苦頭。相反的是，學會從長計議，別想一夜暴富，而是在一年內成功。讓你自己用一年的時間來做出真正的進展。如果你欠了債，在一年的開始就坐下來寫出你所有的負債，不管債務多小。這個簡單的行為能讓你開始行動。因為隨著一年的開始，你會慢慢搞定那些債務，一個個把它們從欠債清單上劃掉。這麼做，你的興奮感會立即顯現。

我們倆很多年前就開始這樣列年度目標計畫，現在每年我們的目標比以前多了十倍都不止。如果你能努力實現一年內成功，就會驚訝於一年內所發生的變化。

當你展望在一年內成功創造財富時，要問自己這個問題：「我能做什麼來完成？」

即使在工作中，你也可以實現這種一年奇蹟。不是只有生意人才能這麼做，我們的很多客戶都有自己的固定工作，他們也成功創造了一年的收入奇蹟。

我們的朋友史蒂芬妮最近在一家畫框公司工作，她的工資是固定的。但她不斷增加新的技能和創造的價值，即使眼前並沒有真正的回報出現。有一天，她的直屬上司離職了，老闆立刻給了她那個職位。所以現在史蒂芬妮在做兩份工作，她自己一直在做的工作和部門主管，她已經向老闆證明了自己的能力。就像拿破崙．希爾常說的那樣：「那些工作超出他們薪水的人，馬上就會得到超出他們工作的薪水。」

不管你為誰工作，都嘗試不斷去增加你的價值。不用知道未來的財富會從何處而來，即使在一個大公司裡做一顆螺絲釘，你也可以為自己創造財富。

但有人會說：「你不明白，我的公司老闆是個大白痴，完全不知道我的價值。」即使如此，如果你能為公司創造更多的價值，總會有所回報。如果你是那種不斷創造價值的人，那些注意到你努力的人就總想挖你，而你的能力也會成倍增加。

我們最近去辦公用品公司，見到了一位活潑開朗的女士在那兒工作。我們想：「哇，這個人雖然做著一份她可能覺得枯燥的工作，但她的態度和搞定一切的快樂能量真令人驚奇，這正是我們想要的人！」幾個月之後，她加入了我們的團隊。

我們的朋友和前客戶卡爾曾是個印表機公司的技術客服，他決定一年內成為銷售員並獲得許多傭金。他做到了！他有足夠的耐心讓自己花一年的時間去工作、學習和奉獻。兩年之後，他就晉升為銷售經理！

給你自己一個一年創造金錢奇蹟的計畫，然後耐心地執行它！

094 機會總是存在，抓住下一個也可以

當幸福關上一扇門，它會開啟另一扇；但我們常盯著那扇關上的門，卻看不到打開的。
——美國身心障礙者教育家 海倫・凱勒（Hellen Keller）

不要糾結於那些錯過的機會，它們什麼都不是。如果人們賦予它們過多的意義和戲劇性故事情節，只會讓他們跌倒，認為自己一無是處。

我們開車經過市區一片很美的區域，有位悲觀的朋友葛列格里說：「噢，如果我二十年前在這片地區買三棟房子，那我就會是有錢人了……看來我錯過了機會。」

葛列格里沒有意識到，每天都有新機會，如果你錯過一個，還可以抓住另一個。你不用抓住每一個機會，只要一個就夠你實現自己的目標了。機會就像船舶，只會出現在準備好出航的人面前。但像葛列格里這樣的人，寧願談那些「一生一次」的機會也不願抬頭去尋找其他新機會，他們領會不到，其實根本沒「一生一次」這種事，如果你錯過了自己「一生一次」的機會，就去慶祝吧，因為下一個會更好。

賓・克洛斯比（Bing Crosby）曾有個「一生一次」擁有一張超紅唱片的機會。有人把〈紅

鼻子馴鹿魯道夫〉（Rudolph The Red-Nosed Reindeer）的試聽帶播給他聽，他覺得這首歌很幼稚，一定紅不了，於是他拒絕了。後來基尼·奧特里（Gene Autry）唱了這首歌並一炮而紅。但賓·克洛斯比之後只笑了笑，因為他知道總有其他機會等待著他。

實際上，如果你有正確的思維方式，就能把任何事情都變成機會。在這種思維方式中，你永遠也不用擔心「失去的機會」。因為你會開始意識到，機會永遠不會失去，為什麼？機會其實是一種創造，而不是你身外的某個天賜的禮物。

例如，佛萊德·德魯卡（Fred DeLuca）年輕時向朋友彼得·巴克（Peter Buck）借了一千元，開了間潛艇堡三明治店。他們幫這間店取名為「彼得的超級潛水艇」。在開張之前，佛萊德·德魯卡甚至從來沒有為自己或任何人做過一個潛艇堡。

幸運的是，佛萊德並沒有成為底下這種想法的受害者：「只有投錢進去才能賺錢。」他也沒有擔心自己是否太年輕或太老而無法順利經營之類的事。他只是想賺點錢供自己上大學，所以腦袋沒空多擔心。

雖然佛萊德·德魯卡一開始只做小生意，但現在他的三明治連鎖店遍布全球。有些人甚至說它們是有史以來最成功的連鎖店。有誰沒有享受過一個SUBWAY三明治？SUBWAY用「吃得新鮮」這句廣告標語來說明他們的每個三明治都是用新鮮烘焙的麵包、新鮮配料，並在顧客眼前按他們需求由店裡的「三明治藝術家」做出來的。

注意，佛萊德·德魯卡不需要抓住這個一生一次的機會才能成功，用他自己的話說，任何人都可以「從小處開始，最終得到巨大成功」。任何人都可以。

今天，成功比佛萊德在一九六五年開他的三明治小店時更容易了，因為現在的你擁有網際網路，全球市場都在你的掌握中。在過去，如果你有個什麼點子或想銷售某種產品與服務，就會有層層關卡，還要說服不同的人。你也許得透過媒體來宣傳。如果報紙決定不報導你，那你就完了。你必須突破重重阻礙才能讓人們知道你的產品，但是現在有了網路，世界變成一個平面。如果你想出一個絕妙點子，二十四小時內，就能讓半個世界都知道它，網路上的口耳相傳無比迅速。

所以現代人讓下一個機會成功的可能性更大，而你只要抓住一個就夠了，你就能從任何東西中創造出機會，就像佛萊德的三明治。專注於你錯過的那些機會，只會令你連眼前的這一個也錯過。**最終你會開始意識到，沒什麼是一生一次的機會**。雖然人們只要聚在一起就總會說：「我告訴過你，曾有一個插股那家公司的機會嗎？但我沒那麼做。是啊，我曾有過那麼好的機會卻錯過了，喔，那可是我唯一的機會啊！因為我錯過了那一個，我想就只能這樣了吧，這種機會再也不會出現了。」

還有一個在地的好例子。我們認識一個人，他開了一間叫「一至八百拖垃圾（1-800-got-junk）」的公司。他叫布萊恩．斯庫塔摩爾（Brain Scudamore），十七歲時輟學開了公司，專門幫人搬他們想扔掉的大型傢俱。如果你有個舊沙發自己扔不掉，布萊恩就會來幫你；如果你的地下室裡有很多不用的東西要扔卻沒有卡車，你也可以打電話給布萊恩，布萊恩有輛小載貨卡車能幫你解決這類難題。

當布萊恩決定輟學創業，幫人扔大件垃圾時，他的父母認為他瘋了。而且從事這種職業在朋友面前似乎不太光彩，沒有人會樂意對自己的朋友說：「嘿，我是個收垃圾的！」

但他一直在堅持服務。

布萊恩的公司現在市值接近一億美金，他自稱為「垃圾業的聯邦快遞」。他上過實境節目《菲爾博士》（*Dr. Phil*），還有歐普拉脫口秀，一個撿垃圾的竟然上了歐普拉的節目！布萊恩就出現在歐普拉的節目上。他把他的公司發展成上億元的規模，就因為他腦子裡沒有什麼「錯過的機會」。這個概念對他而言根本不存在。

095 慢慢累積也能獲得心理上的自由

慢慢走，反而更快走到。

——美國通俗作曲家 霍奇．卡麥克爾（Hoagy Carmichael）

很多人想迅速致富，沒問題，突破常很快發生。但當你考慮冒險時，也可以考慮慢慢來。你也許可以參與一個每個月自動投資的計畫來累積財富。就像某些宣傳說的樣：「如果你堅持這個計畫，三十五年後就能得到一百萬。」從表面上看這並不令人激動，但它們能讓你擁有更多心理自由。因為你不是總得賣掉賴以謀生的東西，把所有錢都花在傑克的魔豆上。

我們總會聽到人說：「我把一生積蓄都投到這個上面了！」這些人沒有看出這樣的舉動根本適得其反。如果把一切都押在一件事上卻弄砸了，會讓你未來永遠不再有機會冒險，但也許下一個機會才能讓你致富，而不是這個。

擁有一個逐步累積財富的計畫，最好的回報不是在多年後，而是當下就能結出果實。把你的心靈從恐懼中釋放出來的力量很大，它能讓你的思維和精神獲得自由，真正愛上你的工作並為之付出一切。你從那些慢慢累積的財富中獲得的不是金錢，而是信念。

096 創造同樣出色的身體素質

內心平靜無法維繫，除非不斷充實身體力量。

——佛陀

當你想要達成一個很大的經濟目標，問這個問題會讓你更快達成：「我如何創造和這個目標同樣出色的身體機能？」

不要在追尋富裕生活時忽略了你的身體，身體也能幫助你。要記住，整個系統包括了身、心、靈，一套完整的系統會比系統中只有一部分來得更快成功，一個破損的系統只會讓你系統崩潰。

有時人們會沉迷於腦子裡的目標，甚至根本不考慮創造同樣出色的身體機能。

但財富不僅僅流向你的大腦，你的身體也可以催生出足夠的能量吸引財富。例如那些身體健康的人不需要過多睡眠，思考時頭腦反而更清晰。

即使你坐在輪椅上，你也能創造出色的身體機能，比如透過增加呼吸等練習加強肺活量，好讓大腦得到更多氧氣，甚至唱歌都能創造出充滿活力的身體機能。

當你身體變得強壯，思維也會更敏銳，兩者相互依賴就能把財富變成人生的一部分。強壯健康的好處很多，人們看到你腳步輕快，心情舒暢，就會願意多跟你相處，誰都會被那些動作協調的人吸引。

所以，如果你設定了一個目標在明年讓收入倍增，要先保證你能設定一個計畫讓自己身體更加健康。就做些什麼來增強你的力量、耐力、能量或身體能力，與你的經濟目標齊頭並進。

有些人用「身心」一詞來奠基這一理論。古希臘人曾說，成功的關鍵是「正確的心在正確的身體裡」。他們說得沒錯，這兩者之間相輔相成。

山姆說：「我喜歡這句話：『健康就是你的財富。』因為如果你的身體無法活動，就什麼都做不了；如果你連握拳都做不了，當然就不可能贏了。」

097 讓整個工作團隊充滿熱情

明星最重要的部分就是他的團隊。

——美國籃球教練 約翰·伍登（John Wooden）

如果你的隊友屈從於壓力而變得不快樂，他們就無法出色工作。他們會想不出新鮮的方式來幫你，也不能讓顧客變成回頭客。實際上，如果你的團隊裡不開心的隊員過多，整個隊伍都會崩潰。

所以他們的幸福是首要的，比錢更重要，比成功更重要。

大多數人卻搞反了這個順序。當你問他們為什麼想獲得經濟上的成功時，他們說那會讓大家都開心。但是真相正好相反，西雅圖魚市上那些快活的人證明，快樂導向金錢，而非金錢導向快樂。

職業高爾夫被認為是一項要求高度注意力和紀律性的嚴謹體育專案，但偉大的高爾夫球手本·霍根（Ben Hogan）說他成功的祕訣是「下定決心享受自己做的事」。

我們之中的大部分人都不像本·霍根那樣。我們一醒來就屈從於世界的殘酷，一起床就已經揮舞著認輸的白旗；所有力量都讓步於外界，無論是環境、家人、配偶、同事、顧客、所有其他人，不管他們想要什麼，只要能讓他們開心就好。

這種屈從的問題在於我們會從此喪失自尊，喪失我們人生能量的來源——內心的自由，會讓我們失去一切。

一個朋友發給我們蘇斯博士（Dr. Seuss）書中的一段話，他說它讓自己想起我們成功幫助他克服了屈從。

你脖子上有腦袋，鞋子裡有腳，你可以自己走你選擇的方向。
你自己做主，內心清楚，你才是決定自己命運方向的人！

我們和銷售員們打了多年交道後發現，最能預測銷售成功的因素是個人幸福。大多數人以為關鍵在於投入、動力、目標或自我規範，其實都不是。

所以，讓你每天的第一步是從讓自己和同事快樂開始，你的團隊就是你的內部顧客。當他們坐立不安時，你就會遠離財富。讓他們輕鬆快樂起來，顧客們自然會被那種氛圍吸引。團隊（包括你）最重要，顧客們是其次。

098 運用想像力，找到你的最愛

思維是一切財富、一切成功、一切物質收穫、一切偉大的發現和發明、一切成就的泉源。

——美國勵志專家 克勞德・布里斯托（Claude M. Bristol）

幾個月前，山姆和他妻子瓦爾正開車沿著溫哥華郊外的一個濱河區走，其中一段路既能看到美麗的河景，又能看到不列顛哥倫比亞省壯觀的山脈。一個廣告標牌上說有三英畝的河邊地產售賣，價格是一百五十萬美金。

他們口袋裡有一百五十萬美金嗎？沒有，所以山姆決定不用錢而用他的想像力，看看他們如何可以買到那塊地。

當天晚上九點山姆就跟賣家打電話詢問那塊地的情況。第二天他們共進了午餐，山姆跟他講了自己的故事。

山姆回憶說：「我需要讓賣家相信我，想讓我得到那塊地，從而配合我買到它。」

他們有創意地達成協定，讓山姆有時間通過分期付款計畫買下這塊地。他還有了個額外收穫：賣家決定和山姆合作投資另一項房地產項目，山姆正在為它尋找投資夥伴。

你總能運用想像力創造真正的財富，而不僅僅是幻想過上好日子。當你告訴成功人士你的人生經歷和目標時，你會驚訝地發現很多人都會樂意幫忙。

那塊三英畝的土地將會成為山姆的新家，還有河邊的一個會議中心，山姆和史帝夫用它來教授和幫助其他人在生活中創造財富。山姆把這美得令人窒息的土地命名為「創造者之鄉」。

你可以按自己的意願創造財富和自己的人生。如果你來到溫哥華河邊的創造者之鄉聽我們的講座，你就能看到書裡這些原則的實例，人類想像力的力量。

在一個同學聚會中，山姆跟一個後來成了律師的人聊天，他的第一個想法是：「這傢伙很成功！」但那個人過不久就開始告訴山姆自己有多厭惡當律師，他痛恨這一行。

「壓力太大了，」律師說：「還有做不完的工作，我覺得自己隨時都有可能心臟病發作。你都想像不出我每一天要付出多少精力，得跟多少各種類型的人講話，加上那些沒完沒了的文書工作！」

但那個律師其實也有辦法去愛他的工作，只要他保持開放、樂觀和高昂的鬥志。如果不是他用了這麼多失敗主義者的語言，他本來可能找到（甚至是在法律中）一些沒有壓力的東西。你可以主攻不同的法律，你可以做那種個性張揚、不做太多準備工作卻能打動陪審團的律師，或做那種只坐在電腦前研究案例填案卷的律師，或在這兩種極端之間的任何一種。但他卻關閉了自己的想像力。

當我們跟那些想要更多財富的人談話時，首先就是教會他們運用想像力。

「你喜歡做什麼？」我們問。他們甚至會說：「我喜歡閒坐在沙發上看看電影。」不幸的是，我們還沒找出這樣做能賺錢的方法。不過近期，一個朋友藉由寫影評劇評的部落格開始賺到錢了，所以我們也不排除這種可能性！

你喜歡講電話聊天嗎？你喜歡用電腦工作嗎？你喜歡做手工和建築嗎？寫作呢？你喜歡做能幫助其他人的事嗎？

你可以從最粗略的分類入手。你喜歡溝通嗎？喜歡幫助人嗎？喜歡技術性事物？喜歡自己動手？一開始不要太具體，有些人認為他們應該有一個具體的職業規畫，好像一出生就知道他們想要成為一個小丑、芭蕾舞者或消防隊員。你不用這樣準確定位，只要逐漸接近夢想，像隻大花斑鳥圍著獵物打轉那樣就好了。

099 相信自己，財富是你應得的

財富就是能完全體驗生命的能力。

——美國哲學家 亨利·大衛·梭羅

害怕金錢會導致我們像對待受到驚嚇、過分依賴他人的孩子那樣對待別人。金錢在社會中就會起那樣的作用。

眼前有個例子：《休士頓紀事報》（*The Houston Chronicle*）上說，破產的西北航空公司發了封備忘錄給他們那些可能失去工作的員工，在備忘錄中，公司建議員工採取一些方式熬過財政困境。

他們建議的其中一個方法是：「去翻垃圾找找你可能想要的東西！」他們還建議你帶約會對象去林中散步，就不用花錢了。那封備忘錄標題是「一百零一種省錢的方法」。有這樣的思維方式，怪不得西北航空要倒閉了！

西北航空發言人羅曼·布拉霍斯基（Roman Blahoski）接受路透社採訪時說：「有些收到備忘錄的員工認為其中幾項有問題。」布拉霍斯基告訴路透社：「員工們也同意有些建議和點子的確不錯，但有些就太不近人情了。『如果你省下了一些錢，自我表揚一下。那是你應得的獎賞。』備忘錄上說：『只拿出你需要的一部分，謹慎使用。』」

但說到錢財，你不用像對待一個不該得到錢的孩子一樣對待自己。足夠的金錢是你應得的，你不應得到那種在垃圾裡找食物、只在樹林裡和人約會的人生。

停止去想錢財是否為你「應得的」。

當你得到其他東西時就不會這麼想，為什麼提到錢要這樣？如果有人在你口渴時遞給你一杯冰水，你絕不會想：「不知我是否應該得到這杯水。」當你要寫字，有人遞給你一支鉛筆，你不會想：「好，謝謝，但我應該得到這支鉛筆嗎？」

那麼為什麼有人付一大筆錢要你做某件事，你卻立刻覺得自己也許不應得到那些錢呢？我們很多人都從童年帶來了自卑心理，好心的父母曾跟我們說：「你絕對不會成功，因為你連如何整理自己的房間都不會。你沒有認真做學校的作業，所以大概以後也賺不到什麼錢。」結果是，你長大後經常想：「既然我不適合成功，那最好找個工資最低的工作。」

覺得自己不適合成功，這種想法對賺錢毫無幫助，對其他人賺錢也毫無幫助，最後大家都成了輸家。

你知道自己真的很擅長做一些事，當你能把長處和服務他人的職業結合起來，你就能從中賺很多錢，而且每一分錢都是你應得的。

100 創造財富的唯一信念：財富到處都是

總有一天你會以為一切都要終結，那將是你的起點。

——美國作家 路易士·拉莫（Louis L'Amour）

史帝夫剛剛從加拿大溫哥華回來，在那裡他和山姆待了兩天。山姆住在當地幫做小生意的人開講座。他在山姆的講座裡發言，和山姆一起計畫下一個合作。

山姆的父親來自牙買加，所以山姆算得上是黑人。他膚色很淺，就像哈里·貝拉佛納特（Harry Belafonte）或科林·鮑威爾（Colin Powell），而且他有加拿大口音。他熱愛自己的傳統，很高興地指出他自己和史帝夫可以包裝成黑白雙雄，就像《致命武器》（*Lethal Weapon*）裡的梅爾·吉勃遜（Mel Gibson）和丹尼·葛洛佛（Danny Glover）那樣。

史帝夫說：「我挺喜歡成為這對搭檔中的梅爾·吉勃遜，但後來梅爾因酒後駕駛被捕，還對逮捕他的警官說了一大堆反以色列裔的話。兩天之後他道歉並住院治療他的酒癮。這樣說來，也許我還真的跟他很像呢。」

溫哥華這樣的城市總是讓人覺得可愛，被雨水沖刷後斑駁的深淺不一的綠色，這些是在亞利桑那州絕對看不到的。所以史帝夫的旅行很圓滿，讓他精神煥發。但我們也不想錯失拉爾夫・沃爾德・愛默生的教誨：「我們的旅行之美是由自己的內在生命和領悟力構成的。」

史帝夫說：「我忽視了亞利桑那州那美妙絕倫的陽光，並把它當作理所當然。你見過美國印第安人的沙畫嗎？精美至極。他們會拿一把紅褐色沙子，然後讓它沿一條線慢慢落到一層象牙白曼陀羅色沙子上，立刻，所有的明暗光線都會被那些沙吸收並反射出來。」

財富到處都是。

愛默生說：「對沉悶的頭腦來說，自然的一切都是淺灰色，但對光明的頭腦來說，世上的一切都閃爍著光芒。」

光明的頭腦選擇站在陽光下。

很多年前，史帝夫因為自己的生意賺不到太多錢而鬱鬱寡歡，便跟他的朋友兼導師史蒂夫・哈迪森談。哈迪森說，要想改變自己的思維，也許只要讓你的身體站到陽光下就夠了。「他建議我從韋恩世界（我替自己車庫裡的辦公室取的暱稱）走到外面，去享受更多的陽光。從外界接收足夠陽光，內心也會陽光起來。所以我勉強接受了他的建議，開始在後院露台工作，它真的改變了一切！我的情緒有了提升，開始想出一些新生意的點子。」

所以，讓我們現在跟著這條思路去印度旅行吧。不是真的去旅行，只是透過印度詩人泰戈爾（Tagore）的話：「信念就是能感知陽光的飛鳥，在黎明未至時就已開始歌唱。」

信念是我們希望握在手中的飛鳥，它能感知陽光。飛鳥雖然還看不到光，卻能感受到陽光將至。你能感覺到成功和幸福的來臨（提示一下：其實成功和幸福已經存在你身上，所以你才感覺得到！），即使你還看不到，看不到無可辯駁的證據和銀行帳戶上的數字，但你可以感受到陽光，可以感受到它即將來臨。於是你歌唱，在黑暗中歌唱；如果不願意歌唱，也可以起舞，或者就像你的醫生說的，只要你站起來，然後走路，你的憂鬱就一定能好轉。信念就是在黑暗中歌唱的鳥兒。

你就像所有那些令人驚奇的企業家一樣，知道自己的產品很好，但錢不夠了。儘管如此，你還是會繼續堅持！會繼續生產！因為你所擁有的是信念。

因為信念就是能感知陽光的飛鳥。

Beyond 030

變富

創造財富的 100 種關鍵突破法

（原書名：勇敢做有錢人）

作者／史帝夫・錢德勒 & 山姆・貝克福　譯／文佳

主編／林孜懃、陳懿文　校對協力／黃亮慈
封面設計／萬勝安　行銷企劃／鍾曼靈
出版一部總編輯暨總監／王明雪

發行人／王榮文
出版發行／遠流出版事業股份有限公司　104005 台北市中山北路一段 11 號 13 樓
電話：(02)2571-0297　傳真：(02)2571-0197　郵撥：0189456-1
著作權顧問／蕭雄淋律師
輸出印刷／中原造像股份有限公司
□ 2015 年 5 月 1 日 初版一刷　□ 2021 年 11 月 1 日 二版一刷

定價／新台幣 399 元（缺頁或破損的書，請寄回更換）

ISBN 978-957-32-9336-1
ylib 遠流博識網 http://www.ylib.com　E-mail:ylib@ylib.com
遠流粉絲團 https://www.facebook.com/ylibfans

100 WAYS TO CREATE WEALTH

Robert D. Reed Publishers
P.O. Box 1992
Bandon, OR 97411
Phone: 541-374-9882・Fax: -9883
E-mail: 4bobreed@msn.com
web site: www.rdrpublishers.com

國家圖書館出版品預行編目 (CIP) 資料

變富：創造財富的 100 種關鍵突破法／史帝夫·錢德勒（Steve Chandler），山姆·貝克福（Sam Beckford）著；文佳譯 . -- 二版 . -- 臺北市：遠流出版事業股份有限公司，2021.11

面；　公分

譯自：100 ways to create wealth

ISBN 978-957-32-9336-1（平裝）

1. 成功法　2. 財富

177.2　　110016686